Para

Com votos de muita

paz e luz.

   /   /

NOVOS DESAFIOS

3ª edição

MasterBooks

Novos Desafios

An imprint of MasterBooks, LLC.
6136 NW 53rd Circle, Coral Springs, FL 33067
Email: Masterbooks@masterbooksus.com
Contact@masterbooksus.com

Copyright © 2015 - MasterBooks, LLC.

All rights reserved. Except for brief quotations in critical articles or reviews, no part of this book may be reproduced in any manner without prior written permission from the author.

3rd Edition by MasterBooks, 2015.

International Cataloguing Information in Publication
Novos Desafios / Umberto Fabbri - Florida - US

For information about bulk discounts or to purchase copies of this book, please contact MasterBooks at 954-345-9790 or contact@masterbooksus.com

Cover by André Stenico
Printed in the United States of America

196 p;
ISBN 978-0615955360   Paperbook

NOVOS DESAFIOS

UMBERTO FABBRI
GERALDO CAMPOS

MasterBooks

Sumário

Apresentação..9
Capítulo 1 - Novos ares...13
Capítulo 2 - Surpresas..19
Capítulo 3 - O centro de resgates 29
Capítulo 4 - Entrevistas e apresentações 37
Capítulo 5 - Conhecendo um pouco mais...............43
Capítulo 6 - Estudo e trabalho.................................49
Capítulo 7 - Momentos de lazer 57
Capítulo 8 - Em treinamento 65
Capítulo 9 - Jaime e Rosângela 73
Capítulo 10 - Dura realidade 79
Capítulo 11 - Coração de mãe 87
Capítulo 12 - Convidados...93
Capítulo 13 - A reunião..103
Capítulo 14 - O retorno 109
Capítulo 15 - O amor auxilia sempre.....................115
Capítulo 16 - Bartholomeu e Lucinda 125
Capítulo 17 - A prisão..133
Capítulo 18 - O príncipe..145

Capítulo 19 - Tesouros do coração..........................153

Capítulo 20 - Corações unidos................................159

Capítulo 21 - Visita em família..............................167

Capítulo 22 - Agradável surpresa..........................175

Capítulo 23 - O amor nunca morre......................181

Capítulo 24 - Recomeçar.......................................187

Biografia..195

Leitor amigo,

Jesus nos disse que conheceríamos seus discípulos por muito se amarem. E é neste sentimento, de uns para com os outros, e de Deus para conosco, que está baseada a maior das leis que rege nosso universo: *a Lei de Amor.*

Os seres mais evoluídos sustentam e orientam os mais fracos, dando a estes condições para evoluir. Os mais maduros ensinam os que estão no início da caminhada que erram por desconhecimento das verdades espirituais, ou imaturidade emocional.

Todavia, mesmo sem estarmos totalmente prontos, Nosso Pai e Criador, permite que sejamos seus mensageiros, levando o afeto que já possuímos. Muitas vezes, ainda tímido, mas que se multiplica quando o ofertamos pautados na pura caridade.

Um pai ou mãe que ensina o filho os primeiros passos, as primeiras palavras, sabe de suas potencialidades, e o motiva, exercitando-o e dando a ele condições para que aprenda a andar, a falar e assim por diante. Se nós pais e mães imperfeitos, investimos no crescimento de nossos filhos, por amá-los e vislumbrarmos seu futuro promissor, com que amor, certeza e energia, Deus, que é perfeito, não o faz por todos os Seus filhos?

Orlando, Joana, Jaime e tantos outros personagens, retratam esta bela realidade fraternal.

Dando continuidade ao primeiro volume, que tem como título *"Recomeçar a Viver"*, este segundo livro mostra a evolução de nossos personagens. Com certeza nos identificaremos com suas lutas, dúvidas, alegrias e esperanças.

Muitas outras situações práticas do dia a dia na espiritualidade também são abordadas. Ainda influenciados pelas ideias seculares do céu e inferno, enganosamente acreditamos que nossa vida sofrerá transformações abruptas quando de nossa estadia na pátria espiritual. Nas esferas mais elevadas certamente estaremos mais desligados das questões materiais. Entretanto nas dimensões mais imediatas a nossa, não seriam possíveis alterações de grande porte. Seremos emocionalmente os mesmos, nosso perispírito, que é o molde de nosso corpo físico, não poderia alterar seu funcionamento, conquistado em séculos ou milênios.

Há muito ainda para conhecermos e aprendermos, não só sobre as questões práticas e materiais, mas também e principalmente sobre nossa realidade espiritual, sobre nós mesmos, para que assim possamos superar os novos desafios que se apresentarem, utilizando sempre os ensinamentos de nosso mestre Jesus.

Geraldo Campos

Capítulo 1

Novos ares

Quando a nave que nos servia de transporte sobrevoou a Colônia Allan Kardec, para onde me transferia, Joana pediu que me aproximasse mais de uma das janelas do veículo.

O sol já havia se posto totalmente, porém fiquei muito impressionado com a iluminação do local. O teto das casas e prédios era coberto de um material que lembrava o vidro, extremamente cintilante. As árvores, plantas e flores irradiavam uma luz suave que colaborava para a beleza do espetáculo. Algumas torres se destacavam em pontos importantes na paisagem, espargindo uma luminosidade tênue, de cor azulada, dando ao cenário uma característica celeste.

A Lua e as estrelas me deixaram maravilhado pela sensação de proximidade e brilho, como estivessem materializando as bênçãos de Deus para todos nós.

Emocionei-me com a beleza e a bondade do Senhor da Vida, que é só amor para com Seus filhos, e em um átimo recordei de uma das lições de Jesus, registrada por Mateus em 6:28-29: "Olhai para os lírios do campo, como eles crescem; não trabalham nem fiam; E eu vos digo que nem mesmo Salomão, em toda a sua glória, se vestiu como qualquer um deles". Aterrizamos rapidamente e ao desembarcar, alguns amigos de Joana nos aguardavam. Deram-nos as boas-vindas, apresentando-se como trabalhadores coordenados por minha esposa querida. Entregaram-me um belíssimo ramalhete, vejam só, de rosas.

Em seguida nos dirigimos para o bairro onde ficava a residência de Joana, minha nova morada.

Durante o trajeto, fiquei impressionado com os jardins bem cuidados. O verde era salpicado de flores coloridas que irradiavam luzes específicas exalando um perfume agradabilíssimo que me embriagava os sentidos.

Não resistindo à curiosidade perguntei:

– Joana, como se produz esse efeito tão encantador com as flores?

Ela sorrindo, respondeu:

– Orlando, meu querido, as flores realizam o processo da fotossíntese como ocorre no planeta, porém, a grande diferença é que todas elas retêm também, um pouco de luminosidade do sol, dando esse efeito belíssimo.

– E os telhados que pude notar, têm um brilho que impressiona...

– São construídos com uma tecnologia mais avançada cuja finalidade é a autossustentação energética das residências e oficinas de trabalho, colaborando também com parte da iluminação da cidade. As torres que você pode ver, possuem esses mesmos painéis solares fotovoltaicos que convertem a energia solar em energia elétrica.

– Na Terra, esse sistema também vem sendo cada vez mais utilizado, como você sabe, todavia, perto do desenvolvimento que alcançamos aqui, ainda são muito primários. Mas as descobertas ocorrem a cada dia, não é mesmo?

– Sim, Jô. Lembro-me do telefone que tínhamos no sítio que comparado aos celulares que existiam quando eu estava ainda reencarnado, parecia peça de museu.

– Sim, é verdade. Veja, Orlando, chegamos...

Emocionei-me novamente quando o carro que nos transportava estacionou em frente à casa. Era simples, sem muro ou cerca, com um jardim totalmente florido, uma entrada em pedras claras, cercada que estava de rosas brancas diminutas, extremamente perfumadas.

Joana seguiu à frente enquanto eu ajudava a descarregar a pouca bagagem que trazia. Entrei e minha impressão inicial foi de que estava de volta ao lar. A decoração lembrava muito nossa casa no sítio, incluindo uma cadeira de balanço, onde adorava ficar nos momentos que nos sentávamos para conversar e falar sobre a vida.

Minhas lágrimas insistiam em cair. Lembrava-me de nossos momentos juntos, dos filhos ainda crianças, brincando no tapete da sala. Meu Deus, como o tempo havia passado sem que eu tivesse percebido que a felicidade é construída nos momentos mais simples!

Joana aproximou-se e me abraçou, dizendo:

– Você continua sendo um coração mole, não é meu querido? Também me lembro desses nossos momentos, exatamente por essa razão deixei algo semelhante à decoração de nossa casa aqui, deste lado da vida.

Convidou-me para ver as demais dependências, todas com a mesma simplicidade, mas de extremo bom gosto.

– Orlando, agora que você conheceu nossa casa, diga o que achou?

– Estou sem palavras. Sinto-me realmente em meu lar...

– Então, vamos fazer uma refeição leve porque precisamos descansar. Amanhã irei apresentá-lo ao nosso coordenador da colônia, com quem já agendei uma rápida visita. Veremos que tipo de trabalho ele poderá oferecer para você. De acordo?

– Claro. Aprendi em minha colônia não só a trabalhar, mas também a bendizer a oportunidade que o Senhor nos oferece, de crescimento e exercício no bem. Como o trabalho ainda é considerado de forma distorcida por uma grande parcela das pessoas, não?

– Concordo! Por nossa vez, durante muito tempo agimos assim, não é? Para nós, o trabalho era sinônimo de inferioridade, isto por largo período de nossa história e depois o classificamos como forma de punição ou, simplesmente, o "ganha-pão", quando ele na verdade é a alavanca para o progresso do Espírito, fazendo com que saiamos de nós mesmos em favor do semelhante, quando inserimos o amor em tudo aquilo que produzimos. Amar o que se faz, é exercitar a caridade, porque o que produzimos desta maneira, irá gerar frutos saudáveis em favor de nós mesmos e do nosso próximo.

– Exaltando o valor do trabalho, Jesus nos ensinou: *"O Meu Pai trabalha até agora e Eu trabalho também"* (João 5:17).

Capítulo 2

Surpresas

Levantei-me cedo e bem disposto. O sol estava nascendo, promovendo um espetáculo de beleza indescritível, possuía várias nuances de cores em tons que eu jamais havia visto. O ar puro da manhã invadia-me os pulmões, dando-me a impressão de renovação da vida a cada hausto.

Cumprimentei o Criador de maneira singela e respeitosa:

– Bom dia, Pai! Agradeço pela vida, pela beleza

da manhã e pelo amor que me sustenta, emanado por sua misericórdia.

Enquanto me elevava em prece, pássaros multicores sobrevoaram minha cabeça produzindo pios, como se estivessem respondendo ao meu cumprimento ao Criador. Claro que muitos amigos meus que ainda mourejam na carne diriam:

– É, o Orlando depois de morto, pirou! Está agora achando que os pássaros respondem seu cumprimento e suas preces. Será que Espírito perde a noção do que é uma simples coincidência?

Coincidência foi uma palavra que tirei do meu dicionário. Seria muita pretensão acreditar que as Leis Universais funcionam por coincidências. É a velha presunção do homem, acreditando que se basta, dispensando o Senhor da Vida, quando não O considerava uma criação bem-sucedida para controle de consciências. Tolos que somos ao imaginarmos que podemos tudo sem Deus.

Como a última frase eu disse em voz audível, Joana que se aproximava perguntou sorrindo:

– Agora você deu para falar sozinho?

– Sabe querida, às vezes costumo fazer isso, para ver se fixo mais as lições em minha mente. Tenho recorrido a essa técnica em várias oportunidades, pois muitas vezes sinto uma enorme dificuldade de concentração.

– Em uma das minhas consultas com o doutor Jairo, ele explicou que minha dependência no álcool, agrediu sobremaneira, não somente meu corpo físico, deteriorando a minha existência, como também ocasionou reflexos imediatos no perispírito, principalmente na região cerebral. Avisou-me que eu viveria estas dificuldades aqui na espiritualidade e também em minha próxima reencarnação.

– Ah, se eu soubesse o que estava fazendo comigo! Quando os amigos tentaram me alertar para que não caísse de vez no despenhadeiro da dependência química, ri de todos eles, mal sabia que os riscos de escárnio deveriam ser para mim mesmo, por minha pobreza interior.

– Orlando, o importante é que a situação de ignorância é passada. As sequelas são frutos de seu desconhecimento. O essencial agora é semear o bem conscientemente, onde estivermos. Lembra-se da Parábola do Semeador que Jesus nos deixou?

– Sim, lembro-me bem. Hoje faço um esforço gigantesco para ser o terreno fértil, aquele que um dia produzirá bons frutos.

– Bem, meu querido, vamos tomar um café da manhã ligeiro, para que não nos atrasemos em nossa reunião na coordenadoria.

A sede da coordenadoria não ficava muito distante de nossa casa. Já estava ficando acostumado com a ideia do "nossa". Fomos caminhando.

Durante o trajeto vi algumas crianças brincando, outras passeando com seus cãezinhos e as que estavam em idade escolar, vestiam uniformes e eram levadas para a escola por seus pais ou pelo ônibus escolar, que levitava. O ônibus não possuía rodas e utilizava-se de magnetismo, conforme os amigos de minha colônia já haviam me explicado.

Naquele instante falei comigo mesmo:

– A vida nos traz cada surpresa!

– Fixando lições novamente, Orlando? Perguntou a querida esposa.

– Estava admirando o movimento da manhã, com crianças, animais, vida em família, transporte e tudo mais que me surpreende a cada dia...

– Você ainda irá estudar mais aprofundadamente a Doutrina Espírita aqui em nossas escolas e perceberá que estas informações todas já foram repassadas há muito para os nossos irmãos que estão reencarnados. André Luiz foi um dos grandes mensageiros pela psicografia de Chico Xavier esclarecendo que a vida na Terra é cópia mal feita do plano espiritual.

– Nas aulas que frequentei em minha colônia, os professores já haviam adiantado alguns pontos da obra desse iluminado amigo. Porém, o foco central de nossos estudos estava voltado inicialmente para a codificação. Avisavam-nos que para estudar André Luiz, Emmanuel e outros, precisávamos nos aprofundar na codificação que é a base, correto?

– Certíssimo, Orlando. Eu particularmente estudei a codificação para entender André Luiz e, depois de estudar André Luiz, compreendi em profundidade a codificação.

A conversa estava tão agradável que não percebi que havíamos chegado à sede da coordenadoria tão rapidamente.

O assistente do coordenador que aparentava ter uns 60 anos, atendeu-nos muito polidamente:

– Bom dia! Como estão?

– Estamos bem, obrigada! Respondeu Joana.

– Já vou colocá-los em contato com o senhor Augusto, nosso coordenador.

Outra surpresa me aguardava. Quando entramos na sala, fomos recebidos por um jovem que aparentava no máximo 18 anos. Saudou-nos com alegria e respeito:

– Minha cara Joana, que alegria em revê-la! Senhor Orlando, é um enorme prazer conhecê-lo pessoalmente. Sejam muito bem-vindos...

– Nós é que agradecemos seu tempo, Augusto. — Respondeu Joana enquanto nos acomodávamos em poltronas, conforme indicação de nosso anfitrião.

Eu pensava com os meus botões:

– Meu Deus, é um menino!

– Orlando meu caro, somente minha aparência é a de um jovem, na verdade já vivi muitas existências. — Disse Augusto sorrindo olhando para Joana e depois para mim.

– Pronto! Eu mal cheguei e já estou dando os meus vexames. Aqui não se pode nem pensar! — Respondi meio sem jeito.

– Não se preocupe com isso. Vamos ver o que podemos fazer pelo seu caso. Continuou bem-humorado.

– O doutor Jairo enviou um relatório sobre sua recuperação e tempo de serviço. Vejo que você fez grandes progressos...

– Nem tanto, senhor Augusto, bondade do doutor Jairo e sua.

– De forma alguma, Orlando. Você tem se esforçado

bastante e reconhecemos seu valor. Todo trabalho no bem, sob a inspiração de Jesus, será sempre nosso passaporte, nossa identificação para onde formos.

– Vejo aqui que você serviu nos Caravaneiros e estou com uma vaga aberta para trabalho semelhante em nossa Colônia. Você estaria interessado?

– Com toda certeza, senhor Augusto.

– Muito bem. Vamos deixar de formalismos porque como você não desconhece, somos todos irmãos. Aparência física e idade não condizem necessariamente com evolução.

– Eu que o diga, Augusto, eu que o diga...

– Então meu amigo, a posição que se encontra em aberto é a de dirigente. A pessoa que estava com essa responsabilidade está em preparação para voltar ao planeta. É necessária a reencarnação para todos nós, como você bem sabe.

– Dirigente, eu? Augusto, acredito que não tenho esse preparo. Só fui um simples assistente...

– Todos nós um dia temos que enfrentar desafios maiores. Somente recebemos a responsabilidade quando estamos preparados emocionalmente para ela. Não se preocupe, pois você será devidamente treinado antes e terá pessoas experientes trabalhando contigo.

Eu estava boquiaberto. Esperava algum trabalho mais simples e Augusto depositava em mim uma confiança enorme.

– Não tenho como agradecê-lo. Espero que eu não o decepcione com a minha inexperiência.

– Você não é homem de decepcionar ninguém, estou certo Joana? Às vezes um pouco turrão, mas trabalhador.

Joana levantou-se seguida por mim e nos despedimos, agradecendo o trabalho e pelo tempo que o coordenador havia nos cedido.

Ela deveria seguir diretamente para suas atividades diárias, cuja responsabilidade era administrar um dos departamentos na área específica de miniaturização perispirítica, no Centro de Reencarnação.

Quando saímos estava para formular a pergunta, quando Joana falou:

– Já sei, já sei. É só um menino...

– Você também? Aqui todo mundo lê pensamentos?

– Todo mundo não. Alguns...

Sorrindo continuou:

– Augusto é um menino na aparência, mas já se encontra na direção da Colônia há mais de 50 anos. Como o prórpio Rodrigo, que você conhece bem, esta é a aparência que ele conservou de uma das suas reencarnações, onde mais progrediu em seu processo evolutivo. Foi ele um dos tantos meninos cristãos que desencarnou no Circo Romano, quando da perseguição iniciada por Nero.

– Devemos considerar que a dinâmica do Espírito influencia diretamente o perispírito. Recorda-se de Sócrates? Mente sã, corpo são?

– Incrível mesmo. Via muito mais pelo outro lado as questões das deformações e coisas assim.

– Porém, meu querido, o trabalho voltado para o bem não é só a garantia da felicidade, mas da juventude também.

– Percebi Joana, que você realmente remoçou muito mais. Ficou mais bonita...

– Orlando, uma coisa que você nunca fez bem, foi elogiar...

– Você vê como estou mudado? Pelo menos tentando...

Enquanto Joana se dirigia ao seu trabalho, retornei ao lar para fazer algo que tinha aprendido a amar ainda mais. Tratar da terra e do jardim.

Capítulo 3

O centro de resgates

No dia seguinte, recebi pelo meu comunicador, uma mensagem do senhor Alberto, assistente da Coordenadoria, com todas as informações relativas aos procedimentos da minha apresentação ao meu novo trabalho, assim como os nomes dos componentes da equipe e o local do curso que deveria participar.

Dirigi-me imediatamente para o Centro de Resgates, conforme o texto indicava, onde poderia encontrar o grupo com o qual iria trabalhar.

Apresentei-me e fui encaminhado para uma das salas do enorme complexo. Quando entrei uma jovem me recepcionou.

– Bem-vindo senhor Orlando! Meu nome é Talita. Sou uma das assistentes da Legião de Jesus, como nosso grupo é conhecido.

– Muito prazer em conhecê-la.

– Recebemos ontem no final do dia a comunicação da Coordenadoria, informando sobre sua chegada e já providenciamos sua inscrição para o treinamento necessário.

– Excelente! Obrigado.

– Você poderia me informar um pouco mais sobre o Centro?

– Com certeza, senhor Orlando.

– Somente Orlando, por favor.

– Nosso complexo abriga um hospital, espaço para preparação de servidores e uma escola de Aprendizes do Evangelho. Podemos se o senhor, digo você quiser fazer uma visita em alguns destes locais que mencionei.

– Sim, seria muito bom para ir me familiarizando.

– Talita, onde estão os outros membros de nossa equipe?

– Nosso grupo tem um total de 20 assistentes. Quando não estamos em operação específica nas zonas de dor, trabalhamos no hospital, nas escolas ou no centro de preparação de servidores.

– Nosso dirigente está se preparando para o reencarne, e Miguel está dirigindo nosso grupo até que você esteja pronto para assumir a posição.

– E por que razão o Miguel não assumiu diretamente? Não tem ele experiência suficiente?

– Sim, tem. Todavia, Miguel irá casar-se com uma moça de outra Colônia e vai transferir-se de residência. Mas até que você esteja suficiente preparado, ele estará à sua disposição e fará parte efetiva do treinamento.

– E você minha jovem? Quais são suas atividades no grupo?

– Serei sua assistente direta, além de fazer parte das incursões. Sou uma das legionárias.

– Por favor não se ofenda com minha pergunta, mas uma jovem como você costuma ir para as regiões de dor?

– Claro, por que não iria? Por ser mulher e ter aparência de uma jovem?

– Não, absolutamente. Perdoe-me, é que o local é deveras complicado, por vezes até violento.

Ela sorriu e respondeu:

– Mas Golias caiu com uma pedra lançada pela atiradeira de David, não foi?

– Isso foi...

– Orlando, já constatei que as preces, o pensamento equilibrado e firme atuam melhor do que qualquer atiradeira, produzindo um efeito incrível que sempre nos surpreende.

– Você gostaria de visitar nosso local de trabalho? Como pode ver, temos este salão com uma divisória para guardar nossos equipamentos, trajes e tudo o mais que necessitamos para o nosso trabalho de resgate. Agora vamos visitar o complexo...

À medida que caminhávamos ou utilizávamos de esteiras rolantes, ficava admirado com as dimensões do lugar, com o cuidado dispensado aos mínimos detalhes e com a grande movimentação de trabalhadores.

O pátio interno do complexo era gigantesco, com jardins esplendorosos, onde muitos pacientes caminhavam assistidos por enfermeiros dedicados. Visitamos também a ala "jovem", onde a maioria dos pacientes apresentava idade entre 15 a 25 anos, no máximo.

Talita sempre solícita e como verdadeira guia me posicionava a respeito de cada departamento.

– Esta área é exclusiva para os nossos jovens irmãos,

como você pode notar. Todos eles foram resgatados das zonas de sofrimento e desencarnaram por meio da dependência química ou em situações geradas por ela. Infelizmente, por métodos violentos, ligados a cobranças realizadas por seus fornecedores, que na grande maioria das vezes, cobram o devedor com a "moeda" da vida.

– Sim, eu sei. Costuma ser trágico...

– Orlando, esse é o nosso trabalho. Somos nós os responsáveis por resgatar os irmãos dependentes nas zonas inferiores. Por vezes trazemos inclusive aqueles que os vampirizam. Geralmente não possuem nenhuma noção do que fazem. Bem, teremos mais tempo para falarmos sobre o assunto.

– Podemos agora retornar e marcar sua apresentação ao time todo e ao responsável pelo Centro de Resgates. Pode ser amanhã?

– Sem dúvida, será excelente.

– Vou verificar a possibilidade de o doutor Luiz recebê-lo, está bem?

– Sim, obrigado.

Retornamos a nossa sala e, enquanto Talita fazia algumas ligações, comecei a pensar como as coincidências realmente não existem.

Iria trabalhar, tão logo estivesse pronto, com dependentes químicos. Como Deus nos coloca realmente onde possamos aprender mais e sermos úteis!

Recordei da situação do Jaime e Rosângela. Um dia reencarnaríamos juntos para buscar resolver problemas delicados em relação à dependência química. Enquanto eles estavam sendo tratados para que pudéssemos recebê-los como nossos filhos em nossa Colônia, eu teria a chance de poder trabalhar com outros irmãos que viviam esse mesmo drama.

Sem falar das pessoas que estavam tendo a oportunidade de conhecer. Gente incrivelmente boa e voltada para o trabalho do amor. Eu mal havia chegado e já estava me sentindo em casa diante de tanto carinho. Realmente algumas pessoas nós conhecemos por conta própria, outras Deus coloca em nosso caminho.

Agradeci ao Senhor da Vida e a Jesus a oportunidade do serviço no bem, tão necessário para o meu aperfeiçoamento e crescimento espiritual. Lembrei-me naquele momento do distinto Codificador do Espiritismo, cuja Colônia na qual me encontro, leva seu nome: Allan Kardec. Quanto trabalho foi realizado por ele em apenas 12 anos! Do lançamento de "O Livro dos Espíritos", em 18/04/1857, até seu desencarne em 31/03/1869, quanta realização em favor do semelhante.

Em apenas 12 anos ele materializou entre nós "O Consolador Prometido", logo, a pergunta que eu me fazia era:

– Quanto tempo vou levar para me reformar intimamente?

Capítulo 4

Entrevistas e apresentações

Com a reunião marcada por minha assistente, no primeiro horário da manhã, apresentei-me ao doutor Luiz, responsável geral pelo Centro de Resgates. Recebeu-me de forma muito cordial e sem nenhum formalismo:

– Orlando, bom dia! Como está a vida do meu mais novo amigo? Espero que bem.

Com um gesto simpático, convidou-me a sentar em uma cadeira em frente a sua mesa.

– Doutor Luiz, eu não poderia estar melhor. Agora desfruto da companhia de minha esposa, tendo um lar. Logo receberemos o meu filho e a filha que adotamos pelo coração, assim que se encontrem recuperados.

– Recebi as informações de nossa Coordenadoria a respeito desse agradável cometimento, além de sua ficha de trabalho, interesse pelo estudo e seus avanços em relação ao quadro de dependência instalado em sua última existência física. Ficamos satisfeitos com o esforço que você tem feito para efetuar as mudanças necessárias.

– Acredito que você traz um currículo vencedor.

– Bondade dos amigos, doutor. Sou apenas uma pessoa necessitando de apoio e trabalho. E confesso que apoio é algo que não tem me faltado.

– Quanto às questões relativas ao trabalho, nós nos encarregaremos disso. — Completou sorrindo.

- Trabalho aqui não falta. Você naturalmente irá passar por uma fase de treinamento intensivo, antes de ir para as incursões. Miguel irá auxiliá-lo, conforme você já deve ter sido informado. Estarei aqui sempre que precisar. Aliás, meu amigo, amanhã terá início a sua primeira aula. Como o curso será pela manhã, no período da tarde, você poderá prestar serviços de acompanhamento aos nossos internos, cuja patologia é a dependência química. O que me diz? Posso contar contigo?

– Com certeza doutor! Para mim é uma honra poder servir. Agradeço a oferta generosa.

– Agradeça a Jesus, Orlando. Ele é que nos permite a oportunidade do serviço.

Levantei-me estendendo-lhe a mão para não tomar mais do seu tempo porque sabia por informações recebidas de Joana no dia anterior de suas responsabilidades diante de todo o complexo do Centro.

Saindo, fui diretamente para a sala da Legião de Jesus, onde seria apresentado para todo o grupo.

Fui recepcionado por Miguel que transmitiu as boas-vindas em nome de todos.

Foi-me apresentando para cada membro do grupo, declinando nome e tipo peculiar de atividade tanto nos serviços das incursões, bem como nas dependências do hospital.

Curioso para mim foi a idade, ou melhor, a aparência de muitos deles. Porque sobre idade já havia aprendido bastante com o Rodrigo e o Augusto, nosso Coordenador da Colônia, que as aparências literalmente enganam.

Todavia, tinha a minha frente, vários jovens, sendo oito rapazes e cinco moças, incluindo minha assistente direta, Talita. Miguel não aparentava mais de 30 anos e os demais, estavam em faixa etária variada. Alguns pareciam ter mais de 50, outros mais de 80. Porém, seus semblantes demonstravam energia, vivacidade e experiência. O time todo, incluindo-me, perfazia o número de 21 integrantes. Tínhamos pessoas de todas as profissões: enfermeiros, um médico, pedreiros, policial e jardineiros, onde eu estava no momento incluído.

Após as apresentações, sentamo-nos e Miguel fez uso da palavra:

– Orlando, posso tratá-lo de você?

– Deve!

– Muito bem. O nosso grupo como você foi inicialmente informado é responsável pelos resgates nas zonas de dor e sofrimento, seu atendimento está voltado especificamente para os nossos irmãos dependentes químicos. Todos nós já fomos devidamente treinados para esta tarefa.

– Atualmente, quando não estou em serviço de incursão, participo como um dos instrutores do treinamento que você irá participar. Especializei-me nos chamados momentos críticos, quando o grupo pode passar por contratempos no resgate de algum irmão nosso.

– Contratempos, Miguel?

– Sim. Por vezes, as entidades que escravizam nossos irmãos desencarnados em condições de extrema inconsciência, pela utilização das chamadas drogas pesadas, álcool e até mesmo alguns tipos de estimulantes energéticos, para servirem aos propósitos mais mesquinhos que se possa imaginar, são usados como vampiros em processos obsessivos, parasitando de forma inconsciente as chamadas "vítimas".

– Chamadas "vítimas"?

– Como você não deve ignorar, a realidade é que todo processo obsessivo tem na sua maioria dois pacientes, correto? O primeiro é o enfermo da "vingança" e o segundo sofre a patologia da "culpa".

– Vítimas, Orlando, somos de nós mesmos. Do nosso egoísmo, do orgulho e da nossa intransigência.

– A associação com mentes enfermas é mera questão de sintonia. Semelhante sempre irá atrair semelhante. Isso é magnetismo puro.

– O imã e a limalha demonstra-nos um ponto básico da vida ensinado pelo Mestre: "Procura e acharás"!

– Acredito piamente nisso, Miguel.

– Bem, feitas as apresentações, caso você queira fazer alguma pergunta para os componentes do grupo, fique à vontade.

– Não será necessário neste momento, Miguel. Somente quero agradecer a todos, colocando-me à disposição como mais um trabalhador, sem a intenção de ser aqui, chefe de quem quer que seja.

– Aprendi muito em minha última experiência na Colônia em que residia a diferença entre ser um simples chefe e um líder. Estaremos todos trabalhando juntos porque somos, antes de tudo, irmãos em Deus e a tarefa pertence na realidade a Jesus. Somos seus simples auxiliares.

Sabia que o grupo interrompera suas atividades normais em virtude da reunião que fora marcada. Não querendo tomar mais o precioso tempo de serviço, convidei-os a uma prece e encerramos a reunião com os meus agradecimentos a todos.

Talita trouxe-me um aparelho parecido com um tablet que aceitava comando integral de voz e trazia o texto falado e escrito, de acordo com o interesse do usuário. Continha várias informações sobre as atividades dos Legionários de Jesus, onde eu teria a honra em iniciar minha participação.

Capítulo 5

Conhecendo um pouco mais

Ao final do expediente retornei para casa caminhando. Queria observar melhor a nova Colônia, suas construções, jardins floridos e verdejantes, lagos e canais em vários locais, que traziam ao ambiente um aspecto tranquilo e agradável.

Várias aves, muitas garças, patos e outros animaizinhos menores compunham um cenário que emocionava. As estruturas eram muito diferentes da Colônia onde eu vivera anteriormente, pois era uma cidade de pequeno para médio porte, onde tinha estado todo o tempo, depois que fui resgatado em um posto de socorro. A chamávamos também de Colônia, porém, sua localização, tamanho e objetivos, eram voltados muito mais para um complexo hospitalar de grande porte, apesar de possuir uma praça central e alguns outros detalhes que tornavam o ambiente bem aconchegante, dentro do possível.

Quando cheguei em casa, Joana já me esperava com um delicioso caldo quente de legumes que me restabeleceu prontamente.

Conversamos sobre o dia de trabalho, narrei as novidades sobre o curso e as atividades que desempenharia. Teria treinamento específico pela manhã, durante 30 dias, 6 vezes por semana, trabalho no hospital na parte da tarde, na mesma quantidade de vezes e duas aulas noturnas no curso de Evangelho. Se eu queria movimento, não poderia reclamar.

Ouvi a respeito de seu trabalho no Centro de Reencarnação, um pouco da sua rotina e quando foi possível, disse-lhe que gostaria conhecer alguns detalhes sobre a estrutura de minha nova morada, como exemplo: abastecimento, população, moradia, enfim, aspectos mais relevantes.

– Orlando, nossa Colônia conta hoje com uma população aproximada de 120.000 pessoas, tendo uma estrutura de abastecimento descentralizado em 10 postos para facilitar o atendimento do consumidor, que paga tudo o que consome em bens e produtos, com a moeda horária, cujo registro é realizado em nossos aparelhos de comunicação.

Certo número de horas dá direito a você pagar a prestação da casa, comprar alimentos e assim por diante. Nosso sistema de locomoção é feito por veículos coletivos que têm o custo assumido pela Colônia. É mais um serviço prestado pela nossa administração, bem como os outros relativos à educação, manutenção para o conforto do lar, como água e esgoto, uma vez que a energia elétrica que utilizamos é a solar, conforme você já observou.

– Para a realização dos pagamentos das compras efetuadas, basta aproximar o seu comunicador das leitoras existentes em qualquer ponto de venda. Não necessitamos de pessoas para fazer trabalhos de controle, como caixas ou assemelhados. Todos que aqui vivem conhecem muito bem a Lei de retorno e ninguém possui interesse em lesar a administração publica ou privada.

– Muito parecido com a Terra, não? — Completei sorrindo.

— No entanto, todos nós estamos a caminho, Orlando. Não esperemos que a natureza de saltos no processo evolutivo. Mas é cada dia maior o nível consciencial dos Espíritos que estão vivendo na crosta ou em qualquer dimensão relativa ao planeta. Jesus plantou a semente do Evangelho há pouco mais de 2.000 anos, aguardando pacientemente para que um dia tenhamos a sua árvore do amor produzindo frutos. O problema está em querer exigir mais do que a natureza pode dar. Ninguém evolui contra a própria vontade. O Senhor sabe respeitar o nosso tempo e se não estivermos interessados em realizar mudanças importantes no tempo que nos é dado, seremos encaminhados para outras paragens, mais adequadas á nossa evolução. O Universo é a nossa morada e poderemos nos transferir para outros globos, para desta maneira, podermos exercitar nossas virtudes em período mais dilatado.

— Porém, o ponto a ser observado, é que estamos abrindo mão da oportunidade de sermos promovidos com os demais que nos ombreiam na presente caminhada. Teremos então que repetir processos que poderiam ter sido totalmente superados. E só Deus sabe o grau de dificuldades que estaremos nos impondo frente a esta atitude.

– Não é assim com o aluno negligente? Por vezes, ele não só terá que repetir o ano, como encontrará dificuldades maiores quando necessite ser transferido de escola?

– Acima de tudo, o que vige no Universo é o profundo respeito do Criador para com a criatura, e em sua justiça magnânima dá-nos o livre arbítrio para desta maneira fazermos o que acharmos razoável, porém nos responsabilizaremos na medida de nossa conscientização.

– Lembremo-nos do ensinamento de Jesus, registrado por Lucas, XII: 47: "*Porque a todo aquele, a quem muito foi dado, muito será pedido, e ao que muito confiaram, mais contas lhe tomarão*".

– E com o livre arbítrio, não é assim? Trata-se de verdadeiro patrimônio concedido por Deus que usamos de acordo com a nossa conveniência. Com o dinheiro, dá-se também o mesmo, que em si, não é bom nem mal, porém traz o resultado exato daquilo que fizermos dele. O mesmo dinheiro que promove a lágrima pode enxugá-la.

– Você tem razão, Joana. O que temos feito para nós com o nosso livre arbítrio, tanto individual como coletivamente? Conhecimento no mundo não nos falta para vivermos mais respeitosamente. Respeito para com o próximo, para com a natureza, sendo no final, respeito para conosco mesmos. No entanto, o interesse costuma falar mais alto.

– Sim. Cada um colhe o que semeou, nem mais nem menos, só o necessário para a sua evolução. É a lei da justiça divina atuando em nossa consciência. Podemos enganar a muitos, incluindo a nós mesmos, mas chega um dia que a nossa consciência desperta e entramos no gozo do bem ou na necessidade de repararmos o que fizemos equivocadamente.

Estava tarde e nossa conversa ia animada. Joana lembrou-me que meu expediente começaria muito cedo e, seria o primeiro dia. Era preciso descansar um pouco.

Capítulo 6

Estudo e trabalho

Iniciamos o curso com o número total de alunos que não ultrapassava uma dezena. Recebemos em nossos tablets as informações relativas aos pontos a serem examinados.

Durante a primeira semana, os assuntos tratados estavam voltados aos aspectos do perispírito. As influências recebidas da alimentação, dos químicos utilizados, inclusive de medicação regular, cuidados ou descuidos ocorridos durante a existência, os exercícios praticados e que obtiveram bons resultados, pensamentos positivos e negativos e suas consequências, enfim uma aula de anatomia do perispírito.

As aulas eram ministradas em manequins que pareciam ter vida, de tão perfeitos que se apresentavam. Neles era possível analisar o funcionamento dos órgãos, danos e benefícios gerados em cada um deles por atitudes corretas ou inadequadas.

Víamos também a questão dos primeiros socorros, curativos e suturas emergenciais por equipamento que lembrava o laser no planeta, anestésicos e alguns outros medicamentos necessários para serem utilizados durante nossas incursões de resgate.

Eu saía da aula por volta da uma hora da tarde e, após o almoço seguia para o trabalho de acompanhante de enfermos que já se encontravam em condições de deixarem seus leitos. Meu trabalho era auxiliá-los nas caminhadas ou no transporte até as poltronas e bancos nos jardins do hospital para que pudessem espairecer um pouco, conversarem e mais para o final da tarde, tomarem um pouco de sol. O lanche era servido pelos acompanhantes em locais cobertos com toldos onde ficavam mesas e cadeiras confortáveis.

Comecei a acompanhar Antonio, ele era muito jovem e se apresentou como Tom. Disse-me que era o seu nome de guerra. Belo rapaz, desencarnado aos 22 anos de idade. Havia sido resgatado há pouco mais de 7 meses. Ficara na zona de dor por um ano.

Loiro de olhos verdes e pele extremamente clara, parecia um típico descendente de italianos demonstrando excelente educação.

Depois de acompanhá-lo por quase uma semana, começou a narrar-me parte de sua história:

– Sabe, senhor Orlando...

– Me chame de Orlando por favor.

– Claro! Como preferir. Sou filho único de pais muito bem sucedidos. Ambos trabalhavam em uma grande corretora de valores que papai herdou de meu avô. A família dentro desse ramo de atuação sempre teve ótimos resultados financeiros. A vida para mim nunca apresentou grandes dificuldades, pois tinha tudo o que queria: roupas, viagens, dinheiro, e até um belo carro quando completei meus dezoito anos.

– Nas baladas, eu era aquele que às vezes, muitas delas, aliás, bancava a conta. Em todos os locais que eu frequentava, era tratado como um rei porque sempre fui simpático e educado no tratamento e as minhas "gorjetas" eram sempre generosas.

– Estudava, ou melhor, levava a faculdade na flauta, porque sempre tive uma memória excelente. Bastava assistir a aula ou ler as lições uma só vez e registrava tudo.

– Que beleza, Tom!

– Mas sabe como são as coisas... Estava sempre com muito dinheiro porque mamãe na sua bondade e no seu amor desvelado dividia comigo sua conta bancária. Não foi responsabilidade dela os meus equívocos porque sempre fui orientado, inclusive pelo meu avô, a ser moderado nas despesas. Mas eu arranjava desculpas o tempo todo para continuar gastando bem.

– Como o senhor, digo, você sabe, dinheiro mal gasto atrai muitos "amigos" do mesmo tipo.

– Sempre!

– Pois é. Um dos caras que eu havia conhecido há uns 15 dias, chamava-se Leandro. Na balada em que eu comemorava meu aniversário de 22 anos, fui apresentado pelo Leandro a uma "branca" que disse ele ser a coisa mais maravilhosa que já havia experimentado. Perguntou se eu não queria cheirar.

– Eu que já estava maluco de tanto energético com vodka, cheirei um montão daquilo e fiquei alucinado.

– Você acabou tendo uma parada cardíaca ou algo assim, Tom?

– Antes tivesse. Foi coisa pior. Fiz umas brincadeiras com a garota que estava com ele, de tão maluco que estava. O cara me estranhou e veio tirar satisfação.

– Não precisou muito para a coisa ficar pior. Senti um impulso incrível para agredi-lo e parti pra cima. Dei-lhe um soco tão violento em sua boca que acabei quebrando uns dois dentes dele. O cara cuspiu de lado e sacou de uma automática e o fim você já pode avaliar...

– Recebi o impacto dos projéteis que me queimaram a carne. Tão logo me vi no chão, levantei-me sentindo-me estranhamente leve e parti para cima dele novamente. Mas fiquei intrigado com o fato de que apesar de socá-lo, ele parecia não sentir nada. Peguei-o pelo pescoço querendo esganá-lo e seu único gesto foi o de alargar um pouco a gola da camiseta, nada mais.

– Com ele, estavam três tipos muito estranhos, que se puseram entre nós dois, como se fossem seus guarda-costas que me amarraram com um cabo que parecia ser de aço e disseram:

– Agora o otário vai ser nosso empregado...

– Começaram a me levar para os locais que o Leandro comprava e distribuía a sua "branca" e depois de pouco tempo, me venderam para um grupo que utilizava gente recém-desencarnada e inconsciente para trabalhar puxando carroça, como verdadeiros animais. Fiquei nessa situação até conseguir fugir e ser encontrado por um dos grupos de resgate.

– Pelo que recebo de orientação, minha recuperação é excelente, por estar lúcido em curto espaço de tempo. Situações como a minha, costumam ser mais demoradas para recobrar a capacidade de discernir e, assim por diante...

– Sim, é verdade. Mas o mais importante agora é que você se recupere e participe de um dos cursos disponíveis de esclarecimento e possa em breve tempo ser útil na comunidade, não é?

– Tipo, recuperar o tempo perdido?

– Não, Tom. Aproveitar melhor o tempo de agora em diante, certo?

– Sim. Porque parece que desperdicei uma boa quantidade de anos, não foi?

– Aproveitemos a lição. O importante, meu jovem amigo, é que transformemos tudo em lições valiosas para o nosso aprimoramento. Como dizem costumeiramente: não adianta chorar o leite derramado. O melhor a fazer é limpar o que caiu e colocar mais no copo para não ficarmos lamentando e perder a oportunidade de apreciar a bebida.

– Eu mesmo gastei muito tempo também, lamentando o passado, esquecendo-me de viver o presente e criando sérios comprometimentos em relação ao meu futuro. Todos nós nos equivocamos, Tom, porque ainda somos aprendizes da vida em qualquer idade.

– A conversa está boa, mas já é hora de entrarmos porque está ficando tarde e você precisa de um banho e se preparar para o jantar e a medicação da noite.

Depois que deixei o meu amigo em seu quarto despedindo-me, ele falou:

– Obrigado por ter me ouvido, Orlando. Valeu mesmo.

– Sou eu que agradeço, porque quem ouve mais, aprende mais também — respondi sorrindo.

Capítulo 7

Momentos de lazer

Naquela noite eu estava livre, sem o compromisso das aulas de Evangelização. Resolvi ligar para Joana e convidá-la para passear um pouco no centro de nossa Colônia.

Quando sugeri o passeio ela respondeu:

– Você não gostaria de ver um filme?

– Filme? Não sabia que a Colônia pudesse ter um cinema também...

– É um cinema ao ar livre. As projeções são feitas em

um espaço da praça central.

— Boa ideia. Passo pelo seu trabalho para apanhá-la. Vou a pé para me exercitar um pouco e apreciar os jardins no caminho.

— Faz bem, meu querido, até já.

Era realmente de admirar o cuidado que a administração tinha para com tudo. Pisos e calçadas bem cuidadas, sinalização adequada e uma limpeza impecável.

O ar puro invadia os meus pulmões, recheados que estavam pelo perfume de flores, muitas que começavam a abrir no final da tarde.

Cheguei relativamente rápido no local de trabalho de Joana, que já me aguardava na porta.

— Olá minha querida, está aí faz tempo?

— Não. Acabei de sair. Você quer ir caminhando até a praça ou prefere o coletivo?

— Caso você não se incomode, podemos ir a pé. Acredito que não nos exporemos a riscos. — Disse por minha vez sorrindo.

— Só seremos expostos à beleza da natureza e a educação das pessoas que encontrarmos no caminho. Disse Joana por sua vez.

— É realmente interessante andar pelas ruas, minha

querida. As pessoas fazem questão do cumprimento e são extremamente educadas.

– Claro, Orlando. Aonde começa a caridade senão no exercício da boa educação? Muitas pessoas acreditam que para fazer o bem, tem-se que estar vinculado em alguma entidade beneficente ou então em momentos especiais, quando a prática do bem é questão de postura.

– Jesus nos ensinou exatamente isso: procurarmos fazer ao próximo o que queremos que ele nos faça. Ensinava ele o princípio básico da ação e da reação.

– Você tem razão, Joana. Se observássemos a nossa postura diante das pessoas, aprenderíamos mais e daríamos chance para que a vida nos respondesse de forma cada vez mais amorosa.

– Um simples cumprimento e um sorriso produzem maravilhas, Orlando. Você pode imaginar Jesus sendo descortês com o semelhante?

– Nunca! Porque ele era a bondade e o amor por excelência e particularmente Joana, adoro a pergunta de número 625 de "O Livro dos Espíritos" que Kardec faz com o brilhantismo que lhe é peculiar: "*Qual o tipo mais perfeito que Deus tem oferecido ao homem, para lhe servir de guia e modelo*"?

Resposta: "Jesus."

– Sintetiza o que temos de mais sagrado para seguir não, Orlando?

– Sem dúvida nenhuma.

Com a conversa boa e a paisagem maravilhosa, chegamos à praça central, cuja decoração discreta e de bom gosto procurava valorizar os jardins e a bela fonte que trabalhava a água produzindo efeitos lindíssimos ao som suave de música clássica.

Depois de uma volta, compramos um suco e pipocas.

Não resisti um comentário após pagar ao bom homem o suco e as pipocas:

– Joana, os nossos amigos que ainda estão na dimensão física, se pudessem ver essa cena, ficariam no mínimo horrorizados. Provavelmente o comentário seria: "Aonde já se viu! Agora defunto come pipoca!"

Nós dois rimos muito...

Chegamos ao local da projeção, onde cadeiras confortáveis estavam posicionadas em círculo. No centro havia um espaço respeitável com uma espécie de palco elevado em alguns poucos centímetros, com uma estrutura que suportava equipamentos que pareciam ser de projeção.

Quando já me preparava para lançar minha pergunta, Joana falou:

– Onde está a tela, não é?

– Meu Deus, não dá nem para acabar de pensar que a resposta é automática! — Completei sorrindo.

– Trata-se de um sistema de projeção que em breve tempo nossos irmãos do planeta terão, pelo menos, domínio parcial. Espere que o filme comece.

– Você sabe qual é o tema?

– Será sobre uma passagem de Jesus. Veja, já estão ligando os projetores.

As primeiras cenas produziram em mim uma profunda emoção porque era um diálogo entre José, Maria e Jesus quando menino.

Ele falava para os pais sobre a beleza da vida, do amor, de Deus. Não somente o diálogo nos emocionava, mas a técnica de projeção em si.

Era como se estivéssemos fazendo parte da cena sem que interferíssemos. No treinamento que Rodrigo me inscrevera antes de iniciar as minhas atividades nos Caravaneiros, quando me encontrava na Colônia que residia antes, já havia experimentado algo semelhante, mas aquilo para mim era espetacular pelo ineditismo.

O corpo de Jesus exalava um perfume natural e suave. Seus olhos tinham uma luz maravilhosa, que refletiam o amor de seu coração pela humanidade inteira. Seus gestos suaves davam-nos a impressão de um maestro regendo a orquestra da vida e sua voz parecia cantar o que estava sendo dito.

Não contive a emoção. Aliás, podia ver as pessoas mais próximas completamente emocionadas.

O enredo incluía também suas conversas com João, seu primo e precursor; mostrava o estilo de vida da época, a situação política, religiosa, usos e costumes. Uma verdadeira obra-prima, trabalhada como um documentário, entrecortado com diálogos de alguns personagens.

Não senti o tempo passar. Ao término da sessão, o relógio já havia corrido quase duas horas.

Joana abraçou-me emocionada também e vendo os meus olhos avermelhados depois de tantas lágrimas derramadas pela beleza do espetáculo, perguntou-me:

– O que você achou, Orlando? Emocionante, não?

– Sim, muito. O problema é a projeção ser ao ar livre porque esta brisa traz uma quantidade enorme de ciscos que fazem os olhos lacrimejarem muito...

– É verdade, meu querido. A culpa toda são dos

ciscos que sempre insistem em cair nos seus olhos. Interessante que eles caem sempre nos dois ao mesmo tempo...

– E você não acredita em mim, Joana? — Perguntei meio sem jeito...

Capítulo 8

Em treinamento

Depois de uma semana de aulas teóricas, iniciaríamos o treinamento prático. Cabines especialmente construídas para esse tipo de atividade traziam, de forma virtual, todos os aspectos do ambiente a serem enfrentados, incluindo a temperatura, odores, vibração ambiente e movimentação de pessoas.

Em muito se assemelhavam aos cockpits, cabine de pilotagem para treinamento de pilotos de aviões. Porém, tudo parecia tão real que chegava mesmo a impressionar. Usávamos um capacete que aumentava ainda mais a sensação de realidade.

A simulação da caminhada era realizada por uma espécie de esteira que deslizava em todas as direções, apresentando um terreno difícil e por vezes com inclinações severas.

Todos os alunos ficavam interligados formando uma equipe de trabalhadores. Em meu caso o treinamento era diferenciado, pois os exercícios recebidos eram para o dirigente do grupo.

A excursão simulada seria para uma zona distinta onde encontraríamos irmãos desencarnados pela dependência química, principalmente pelo crack.

Começamos a caminhada em direção ao local previamente designado, sentíamos a dificuldade para respirarmos, em virtude da atmosfera densa e escurecida. A sensação era de queda vertiginosa, imprimindo uma velocidade descomunal, dando a todos a sensação de estarmos caindo em um abismo.

Vez por outra recebíamos pelo fone no capacete a orientação de Miguel que eu reconhecia pelo timbre de voz. Em determinados instantes, a comunicação sofria interrupções breves, parecendo apresentar problemas de estática. A sensação de realidade era realmente impressionante!

Logo depois da rápida descida, estacionamos em um local escuro onde se ouviam gritos de revolta, de dor e palavras extremamente impróprias. Começamos nossa caminhada, quando Miguel orientou-nos a ligar nossos bastões luminescentes, com o mínimo de luz para não agredirmos nossos irmãos necessitados e principalmente não chamarmos a atenção sobre nosso grupo.

Nossa tarefa era resgatar uma pobre irmã que se encontrava inconsciente e servia de animália para alguns de seus verdugos.

Estava presa a pesadas correntes que lhe envolviam braços e tórax, limitando-lhe os movimentos da cintura para cima.

Aproximamo-nos cuidadosos e fomos encontrá-la adormecida ou anestesiada, em uma entrada escavada na terra que mal cabia uma pessoa agachada.

Falava frases totalmente desconexas como se estivesse sob forte efeito químico pesado. Às vezes, iniciava um choro entrecortado por gritos ou gargalhadas.

A meu pedido, um dos componentes de nossa caravana aplicou-lhe sedativo que lhe produziu sonolência profunda. Podíamos perceber pequenos espasmos em seu corpo.

Pusemos a pobre irmã em uma das macas e começamos a retirá-la sem qualquer oposição.

Parecia que vivíamos um sonho real diante da perfeita e admirável tecnologia.

De repente, apareceram três criaturas enormes trajando mantos e capuzes negros. Além disso, usavam coletes e espécies de munhequeiras com pontas de metal que davam a impressão de serem agulheiros projetados dos corpos daqueles irmãos infelizes.

Assustei-me com a presença do trio e senti um calafrio que subiu pela minha coluna, arrepiando minha pele.

Um deles com voz rouca e um tom extremamente ameaçador dirigiu-se a mim, perguntando:

– Quem é o chefe desse bando?

– Sou eu o responsável, senhor. Não sou chefe, somente um simples trabalhador de Jesus com a responsabilidade da direção.

O sujeito começou a gargalhar, seguido dos outros dois gigantes.

– Você é o dirigente? Simples trabalhador de Jesus? — Continuou gargalhando de maneira sarcástica.

Olhando para os outros com ar de chacota, disparou:

– Ele não é mesmo uma gracinha? Vamos acabar

logo com esses ladrões. Eles vêm aqui enquanto estamos fora para roubarem a nossa mercadoria. Mostrem a eles quem somos.

Imediatamente dois deles avançaram em minha direção, cada um portando uma espécie de tacape.

Quando toquei no bastão de gás que carregava na cintura, senti um golpe tão violento em minha cabeça que o meu capacete voou longe. A dor que eu senti foi tamanha que estatelei no chão. Ouvi gritos dos demais companheiros que começaram a fugir em debandada, quando senti que o mais forte deles, aquele que houvera se posicionado como o chefe dos outros dois, agarrou-me pelo pescoço dizendo:

– Agora você vai morrer, infeliz.

Senti o peso do seu corpo assim como de suas mãos que tentavam me sufocar.

No desespero, lutava para tirar a criatura de cima do meu corpo enquanto tentava inutilmente proteger o meu pescoço com uma das mãos.

Em som alto, ouvi:

– Parem a projeção!

A projeção que para mim era real, desapareceu rapidamente e as luzes se acenderam dentro das cabines. Quando levantei pude divisar rostos tão assustados como o meu.

Miguel se apresentou na tela perguntando:

– Por favor, cada um de vocês relate o que sentiu. Vou chamar um de cada vez.

À medida que os participantes faziam seu relato, confesso que me senti bastante incomodado. Ao fim, Miguel encerrou a aula, dispensando os alunos e me chamando para conversar.

– Orlando, o que você achou da experiência?

– Não poderia ter sido mais real e ao mesmo tempo mais constrangedora para mim, ao me ver no chão da cabine. Tive a impressão de serem reais todas as situações experimentadas. Só não entendo como a operação saiu do controle e em frações de segundos fui atacado. Onde foi que eu errei?

– Meu amigo, não se culpe. A culpa somente enfraquece o Espírito e nos faz perder a possibilidade de encontrarmos soluções para nossos pontos que ainda são frágeis.

– O que ocasionou o fracasso na missão foi inicialmente o medo que transformou uma formiga em um elefante. Digo isso porque o medo nos hipnotiza a ponto de acreditarmos que uma projeção possa ser real.

– Muitos obsessores quando atuam nas suas chamadas "vítimas" usam do medo delas próprias e com o recurso da hipnose fazem que vejam e sintam aquilo que é simples projeção de suas mentes doentias. Vale sempre lembrar que não existe obsessão sem que encontremos em ambos — obsessor e obsediado — elementos de vingança e culpa.

– Realmente, Miguel, fiquei envolvido pelo medo...

– Mas havia um recurso inicial que teria evitado a perda do controle da situação.

– Qual?

– A prece, Orlando, a prece. Recurso divino da criatura para integração completa com o Criador. A prece nos fortalece, reduzindo o receio e criando uma atmosfera de paz e confiança.

– Se não temos a fé devidamente alicerçada em nosso íntimo, tememos tudo que surja a nossa frente de maneira desafiadora. Porém, ao recorrermos ao recurso santo da oração, podemos nos fortalecer na ligação com Deus que imediatamente nos supre do necessário, principalmente nos momentos mais delicados que atravessamos em nossas vidas.

– Quem ora exercita a fé porque busca Deus, e quem busca o Senhor, fica fortalecido no seu amor por assimilação vibratória.

– Somos deuses conforme Jesus nos ensinou. Quando entramos em contato com Deus, nossa natureza divina liga-se a ele imediatamente da mesma forma que o rio converge para o mar e depois de poucos instantes, não conseguimos mais separar suas águas, ou seja, um do outro.

– Imediatamente, Orlando, diante do seu vacilo, o grupo absorveu-lhe a vibração de receio e entrou em pânico. Quando lideramos não somos mais responsáveis somente por nós mesmos, mas por aquilo que proporcionamos aos nossos liderados, sejam situações felizes ou infelizes.

Lembrei-me imediatamente de Rodrigo e os Caravaneiros. Quando a situação estava mais delicada, ele recorria à prece ou nos alertava de imediato para que também o fizéssemos.

– Miguel, confesso que me esforçarei ao máximo para internar a valiosa lição em meu coração. Mais uma vez, o meu muito obrigado.

– Orlando, você não precisa agradecer a mim e sim a Deus, que sempre nos proporciona a sagrada oportunidade de servir.

Concluindo, convidou-me:

– Vamos ao hospital porque o trabalho nos espera.

Capítulo 9

Jaime e Rosângela

Todas as noites, depois do expediente ou das aulas de evangelização, eu e Joana nos reuníamos para a visita virtual aos filhos do coração que continuavam em tratamento intensivo, após a experiência do desenlace traumático.

Pelo vídeo, podíamos observá-los e acompanhar sua recuperação. Ao passarmos as mãos na tela, era possível senti-los, como se pudéssemos tocá-los por meio de nosso pensamento, ao mesmo tempo, sentíamos a vibração que ambos emitiam. Tinha-se a impressão de segurarmos os bebês em nossos braços.

Depois de nossas preces, conversávamos com Joaquim pelo vídeo. Buscando mais informações a respeito do estado de saúde dos nossos pacientes queridos.

Joana sempre atenta iniciava a conversa com o amigo da minha antiga Colônia:

– Joaquim, meu querido, como tem passado?

– Bem, minha cara, e vocês?

– Nós estamos bem, obrigada. Por favor, diga-nos como vão os nossos bebês?

– Eles estão melhorando a olhos vistos e especialmente hoje, tenho uma ótima notícia para transmitir a vocês: deverão receber alta e a transferência para a sua Colônia, dentro de 60 dias, aproximadamente, segundo o último relatório do doutor Jairo.

– Graças a Deus, Joaquim! — Eu e Joana dissemos em uníssono.

– Que notícia maravilhosa, meu amigo! Prepararemos o enxoval, berços, carrinhos e tudo o mais para recebê-los. A alegria de voltar a ser mãe é uma benção divina em minha vida, você sabe disso.

– Não vou ser mãe Joaquim, mas pai de gêmeos. Disse por minha vez, entre sorrindo e já com os olhos marejados pela emoção que nos envolvia a todos.

- É uma alegria para todos nós realmente, meus amigos. Quando quiserem vir, saibam que as visitas estão liberadas.

– Sendo assim, Joaquim, iremos no próximo domingo. — Respondi.

No dia seguinte, depois do nosso trabalho, iniciamos as compras dos itens básicos para nossos gêmeos. O sistema de nossa Colônia permite que compremos os produtos com pagamento parcelado, caso a quantidade de créditos não seja suficiente. Tudo muito semelhante àquilo que eu conhecia na Terra, com a exceção de que não precisamos pagar juros para nada.

A alegria nos contagiava. Estávamos mais remoçados, pois os sentimentos atuam no perispírito proporcionando uma resposta muito rápida, influenciando não somente o corpo como também nossa disposição.

Bons pensamentos produzem equilíbrio, saúde e jovialidade, enquanto as emissões de rancor, mágoa, enfim, desequilíbrios do ser, geram enfermidades que são também rapidamente somatizadas.

É a beleza da vida, dando a cada um segundo as suas obras, conforme ensinou Jesus.

Eu e Joana, principalmente ela, transpirávamos felicidade, como se a situação de sermos pais estivesse ocorrendo pela primeira vez em nossas vidas.

Começamos a traçar planos em relação à decoração do quarto, disposição dos berços, vibrando com uma alegria indescritível.

A semana passou depressa e nos preparamos para a curta viagem a minha antiga Colônia onde poderíamos rever amigos, conversar um pouco com o pessoal, matar a saudade de tanta gente boa.

Fomos desta vez em um tipo de veículo aéreo de menor tamanho, suficiente para o transporte de cinco pessoas. Lembrava um avião, porém com asas muito curtas e uma cauda onde se posicionava o propulsor.

Foi uma viagem confortável. Quando chegamos fomos recepcionados por Rodrigo e alguns amigos dos Caravaneiros que foram nos dar as boas-vindas.

Depois dos cumprimentos, nos dirigimos para o Centro de Terapia Intensiva onde estavam nossos bebês.

O Centro estava muito movimentado, por ser domingo e, muitas pessoas acorrerem ao local para as visitas aos seus entes queridos.

Dirigimo-nos a sala de Joaquim, onde nos aguardava também o doutor Jairo.

Depois dos cumprimentos, doutor Jairo quis saber como eu estava de casa nova, como andava a minha adaptação.

Relatei-lhe minhas atividades deixando-o bastante satisfeito com a minha dedicação. Suas palavras sempre eram de estímulo para todos. Sua atitude positiva era contagiante.

Passados alguns minutos, fomos convidados para vermos os gêmeos.

Meu coração batia aceleradamente. Quando chegamos próximo das câmaras dos bebês, a emoção me envolveu.

Ambos dormiam serenos, bem acomodados e Rosângela chupava o dedinho. A cena nos comoveu a todos. Eu e Joana tínhamos os olhos úmidos e nos abraçamos naquele instante.

Diante da beleza daquela imagem, eu disse:

– Aí está a benção de Deus materializada para nós não é, Joana?

– Sem dúvida, Orlando. O Senhor nos abençoa depositando seus filhos, nossos irmãos em nossas mãos. Sua benção é a que se materializa na confiança que ele tem naqueles que se candidatam a serem pais.

Doutor Jairo virando-se para nós, disse:

– Fiquem um tempo com as crianças. Aguardaremos vocês na sala do Joaquim.

Saíram os três amigos enquanto eu e Joana começamos a orar agradecendo o presente divino que se encontrava à nossa frente.

Capítulo 10

Dura realidade

Retornamos à sala de Joaquim onde os amigos nos aguardavam.

Sentamos e o nosso anfitrião serviu-nos um delicioso chá de frutas e alguns biscoitos. Joaquim era um especialista quando se tratava de fazer as misturas para o seu chá.

— Joaquim, o seus predicados estão cruzando fronteiras, você sabia?

— Joana, esse Orlando é incorrigível. — Arrematou sorrindo.

– Verdade, meu amigo. Na Colônia, o Miguel já me perguntou se eu tinha tomado alguns dos chás que você prepara.

– O Miguel? Como vai indo ele.

– Bem. Vai se casar, sabia?

– Sim, soube. Vai se mudar para a Colônia que a noiva reside, não é?

– Sim. É uma pessoa especial. Está trabalhando dedicadamente no meu treinamento. Em breve serei um dirigente de um dos grupos de resgate, o Legião de Jesus. Claro que não serei um dirigente como o Rodrigo, com quem aprendi muito.

– Orlando, digamos que não ensinei nada, somente apresentei novos caminhos para servir Jesus. Foi você quem fez as opções e, de acordo com o seu esforço pessoal, pode conquistar mais essa oportunidade. — Rodrigo arrematou sempre muito modesto.

– Está bem, se você insiste meu amigo. Saiba, no entanto que você é um ótimo apresentador de novos caminhos, mas também, um estímulo constante para que possamos trilhá-los.

Após uma pequena pausa, Joana dirigiu-se para o Doutor Jairo, perguntando:

– Doutor, por favor, diga como vai a Vera. Como

está o seu tratamento?

– Joana, Vera encontra-se em tratamento intensivo desde que foi internada. Seu quadro teve alterações pouco significativas. O consumo de substâncias químicas, as mais diversas, produziu um processo de alienação acentuado, danificando significativamente conexões neuronais em seu cérebro. Deverá ser submetida à cirurgia reparadora em algumas semanas. O caso requer muito cuidado.

– O senhor acredita que ela poderá recuperar seu estado total de consciência? Se puder, em quanto tempo isso poderá ocorrer?

– Uma boa parte sim, ela recuperará. Mas, creio que teremos pela frente algo em torno de dois a três anos.

– Como você já me havia relatado a sua reencarnação se dará daqui uns cinco anos correto, Joana?

– Sim, Doutor.

– Muito bem. Desta maneira serão dois anos de convivência com a Vera e cinco anos com os gêmeos, perfeito?

– Sim. Após esse período, eu e Orlando reencarnaremos e estaremos nos casando com aproximadamente 20 ou 22 anos. Receberemos os gêmeos primeiro, Vera se reunirá a nossa família dois anos depois, será a nossa caçula.

– Vejam vocês, está praticamente tudo programado e eu entro só como marido. — Falei por minha vez.

– Não é bem assim, meu querido. Esse é um plano inicialmente traçado, que será apresentado a você tão logo esteja mais avançado. Mas você não entrará como meu marido e sim, como meu amor.

– Ah, bom. Agora eu vi alguma vantagem nisso. — Completei sorrindo.

– Doutor Jairo, antes que encerremos nossa visita, é possível irmos até o local onde Vera está internada?

– Com toda certeza, Joana. Querem ir agora?

– Sim, se estiver bem para o senhor.

Fomos até a unidade onde Vera se encontrava. Estava instalada em uma câmara e dava-nos a impressão de ter um sono agitado.

Joana nos convidou para uma prece em favor não somente de Vera, mas também dos demais internos daquela unidade.

Fizemos o "Pai Nosso" e ao término, Vera estava menos agitada. Porém, não era difícil perceber que seus sonhos eram desconexos, atormentados.

Ao sairmos do ambiente, foi o Doutor Jairo que tomou a palavra:

– Vera não foi uma suicida direta. Desencarnou tentando livrar-se da agressão eminente dos três rapazes, desequilibrou-se e caiu da varanda onde se encontrava. Sua condição de suicida indireta prevalece pelo uso equivocado do livre arbítrio com o envolvimento com drogas e suas consequências.

– Comprometeu sua existência no auge da juventude e talvez o desencarne, apesar de prematuro e traumático, tenha isentado sua vida de maiores desatinos. Como todos nós sabemos, ela estava para vender os próprios filhos e terminaria se afogando nas drogas e na bebida.

– Sua vida seria encurtada por suas decisões imaturas, de qualquer maneira. Às vezes o que acreditamos erroneamente ser injustiça divina, quando uma reencarnação se finda tão cedo, nada mais é do que a benção da proteção de Deus, isentando o Espírito de processos mais traumáticos. Bem, o que sabemos da justiça de Deus no plano que nos encontramos, não é pessoal?

– O senhor está coberto de razão, doutor. Precisamos aprender muito ainda. Disse Joana.

– Doutor, qual o grau de comprometimento que eles poderão ter em seus reencarnes? Jaime, Rosângela e Vera?

– Precisaremos de um pouco mais de tempo para este diagnóstico, porém, creio que Jaime e Vera serão os mais comprometidos, tendo déficits sensíveis na zona cerebral. A dependência de vocês que serão os pais, será acentuada. Rosângela, por sua vez, terá um grau de lucidez muito maior. Como será mais capacitada, poderá auxiliar na criação dos irmãos.

– Tenho mantido algumas conversas mais técnicas com alguns colegas médicos, especializados no processo reencarnatório de sua Colônia, Joana. Ao que me parece, eles tentarão aliviar ao máximo a situação dos nossos queridos internos, no entanto você conhece bem o ensinamento de Jesus: "a cada um segundo as suas obras". É condição máxima da justiça em nós mesmos, apesar da misericórdia divina atuar diretamente sempre nos trazendo o refrigério.

Eu estava emocionado e reparei que os olhos de Joana lacrimejavam discretamente.

– Em meu trabalho, tenho pouco acesso às informações referentes ao caso dos nossos três futuros filhos, porém sempre é difícil quando ouvimos uma observação mais balizada como a sua, doutor.

– Não fiquei interrogando os médicos responsáveis em nosso Centro de Reencarnação para não ser inconveniente, porém, acompanhando casos semelhantes, sabia que seria uma situação delicada o reencarne dos nossos queridos.

— Entendo, Joana. Sinto ser portador direto de notícia desagradável.

— De forma alguma, doutor. Creio sinceramente na bondade divina sendo manifesta através de corações amigos como o seu e tenho plena convicção que o Senhor da Vida nunca nos faltará, inclusive através do socorro de todos vocês.

— Com certeza, minha amiga. — Disse Joaquim, adiantando-se na resposta.

Rodrigo aproximou-se também e nos abraçamos todos, bastante emocionados.

A hora estava já um tanto adiantada e tínhamos que voltar para a nossa Colônia. Despedimo-nos dos amigos na certeza de que o Senhor nos assiste através daqueles que nos amam.

Capítulo 11

Coração de mãe

Nossa viagem de retorno a Colônia Allan Kardec foi rápida e confortável.

Ao desembarcarmos nos dirigimos para casa, porém, no caminho alguns pensamentos não me deixavam tranquilo.

Chegamos em casa e depois de arranjarmos alguns poucos itens, Joana percebendo a minha preocupação, iniciou o diálogo:

– Orlandinho, vejo que você está aflito com os desdobramentos relativos ao futuro de nossos filhos.

– Sim, Joana. Sabemos as dificuldades inerentes a estes processos. As crianças necessitarão de nossa atenção quase que integral e sofreremos o preconceito que é mantido na sociedade. De forma velada, mas ainda verdadeiro.

– Natural que seja um tanto difícil. Mas Orlando, Jaime, Rosangela e Vera, são Espíritos que estão envolvidos há um bom tempo conosco, direta ou indiretamente.

– Essas ligações não atendem ao acaso, que sabemos muito bem, não fazem parte das leis divinas.

– Sendo assim, já obtive algumas informações referentes à Rosângela e Vera, que apesar de terem reencarnado em outras famílias são pessoas ligadas ao Jaime, que por sua vez, teve suas experiências com você no passado, não foi?

– Sim, é real! Como você deve saber, fui um fornecedor de matéria-prima para os negócios dele. — Respondi.

– Então, no final, sempre precisamos terminar o serviço que começamos ou refazer quando abandonamos por irresponsabilidade ou inconsciência. — Joana ponderou e deu continuidade.

– Seja como for, já contatei parentes desencarnados

e também os reencarnados, através do desdobramento do sono, de nossas duas futuras filhas para que nos auxiliem no tentame de trabalharmos esses corações, que de alguma maneira se envolveram não pelo amor, e sim, pelo equívoco da ilusão.

– E como eles reagiram ou estão reagindo?

– Pela situação de dor que a dependência química impõe, não somente para aquele que está envolvido diretamente, mas também para familiares, parentes e amigos, sempre encontramos resistências por parte de alguns deles, que se justificam, via de regra, pelo pouco entendimento. Em geral, dizem-se cansados de insistirem no trabalho em favor de pessoas que não se esforçam o suficiente em deixar a dependência que se impuseram.

– Muitos alegam que os nossos irmãos dependentes ou são fracos de caráter ou displicentes com aqueles que os amam. Não entendem que estamos tratando de uma enfermidade, um verdadeiro câncer, cuja metástase é rápida e extremamente mortal. Que essas criaturas não precisam só do médico e por vezes da internação, mas acima de tudo do apoio do amor.

– Porém, Orlando, não é sempre assim. Corações dedicados e não necessariamente esclarecidos dentro da problemática, voluntariam-se para trabalhar em favor daqueles que amam. Geralmente são as mãezinhas que se posicionam em primeiro lugar e, acabam sendo verdadeiros exemplos de dedicação, movimentando o sentimento dos mais encastelados em suas posições.

– Um dia, entenderemos e aplicaremos a lição de Jesus em nossas vidas e o amar ao próximo como a nós mesmos, será realidade entre nós.

– Concordo. Aqueles que estão mais sensibilizados pretendem visitar Rosângela e Vera? — Perguntei.

– Sim. Vou marcar uma visita buscando contemplar o horário que seja mais conveniente para contarmos também com a presença daqueles que se encontram reencarnados. As mãezinhas das nossas queridas Vera e Rosangela estarão conosco quando desdobradas pelo sono do corpo físico. São ainda relativamente jovens e extremamente dispostas a nos ajudar.

– Ah, quanto amor tem as mães em seus corações não, Joana? E, a propósito, quando faremos essa reunião?

– Vou conversar com os meus superiores para preparar todos os detalhes e precisarei da ajuda direta sua e de seu grupo para buscarem nossas irmãs, as mães atuais de nossas futuras filhas quando estiverem desdobradas pelo sono. Sei que posso contar com você, não é?

– Evidente que sim, minha querida. É impressionante sua capacidade de organização. Sempre foi de sua natureza organizar tudo e, eu por minha vez, sempre um bagunceiro contumaz.

– Pois é, Orlando. Tem certas coisas que não mudam mesmo, nem depois da desencarnação. Ela completou sorrindo.

Capítulo 12

Convidados

Joana não demorou para acertar os detalhes referentes à data e horário da reunião, tanto com as mães reencarnadas como também com parentes e amigos desencarnados das nossas futuras filhas, Rosângela e Vera.

A querida esposa solicitou-me para que eu e meu grupo nos responsabilizássemos em buscar as mãezinhas das duas moças, quando estas estivessem no desdobramento natural do sono, para dessa forma, participarem da reunião.

Apesar de ter concordado imediatamente, achei por bem falar com Miguel a respeito.

Sabia da sua experiência na condução da Legião de Jesus e, como estava ainda em treinamento, sua presença e liderança seria para mim muito instrutiva e útil.

Conversamos após minha aula daquele dia onde explanei os detalhes referentes à proposta de Joana e da necessidade que teríamos em contar com o apoio de todos em nossa futura jornada reencarnatória.

Miguel sempre solícito, disse-me:

– Orlando, iremos com muito prazer acompanhá-lo na empreitada. Vamos acertar os detalhes necessários para acompanharmos as duas senhoras ao local do evento.

– Miguel, eu não gostaria de sua companhia apenas, mas da sua liderança, porque ainda não me sinto suficientemente seguro para comandar a Legião. Sei que não se trata de trabalho de resgate, porém, nunca se sabe o que podemos encontrar.

– Sossegue homem. Será uma excelente oportunidade para você. Um teste mais simples do que nos campos de dor, será uma aula prática, fora das cabines. Nada como o ambiente real, com vibrações e emoções verdadeiras dos envolvidos, para avaliarmos nossas reações e controle emocional. Não se preocupe, tenho certeza que você será muito bem-sucedido.

– Está certo, vou certificar-me dos detalhes, dia, horários etc.

Recebi de Joana todas as informações necessárias, repassei para o Miguel e Talita que se encarregou de acertar os detalhes para nossa incursão.

Noite do evento, encontramo-nos no aeroporto de nossa Colônia para nos deslocarmos até o endereço das nossas irmãs. O veículo de transporte aéreo tinha acomodações para 40 pessoas e espaço suficiente para nossos equipamentos.

Tinha o formato parecido com um ônibus ou um "charutão", como nós apelidamos esse tipo de veículo aéreo, ele nos levaria a uma grande cidade do interior de São Paulo.

Chegamos rápido e desembarcamos próximo à residência dos pais de Rosângela. Ao chegarmos a casa simples, porém bem cuidada, verificamos cercas eletromagnéticas, protegendo o local. Miguel acionou uma espécie de campainha próxima ao muro e fomos recebidos por uma entidade muito simpática, aparentando uns 80 anos de idade.

Miguel tomou a iniciativa:

– Boa noite, senhora.

– Boa noite! — Saudou-o a simpática matrona.

– Meu nome é Miguel. Somos da Legião de Jesus e viemos buscar a mãezinha da Rosângela para a reunião que se iniciará daqui algumas horas.

– Já fui informada. Sou a avó de Rosangela. Chamo-me Cândida e, caso seja possível, irei com vocês. Minha filha Izabel está repousando um sono tranquilo. Encontra-se desdobrada e pronta para acompanhá-los.

– Vejo senhora, que a residência possui defesas importantes, geralmente constituídas pelo hábito da prática do Evangelho no Lar.

– Sim, meu filho. Izabel passou a frequentar uma das casas espíritas de nossa cidade. Lá fazia assistência espiritual à distância, para dependência química de Rosângela. Aos poucos, meu genro começou a acompanhá-la e decidiram implantar o Evangelho no Lar. Eu, meu marido, alguns familiares e amigos que já se encontram conosco na dimensão espiritual, frequentamos com regularidade as reuniões.

– Muito bem! Podemos convidar dona Izabel para nos encaminharmos à residência da mãe de Vera?

– Claro. Só um instante.

Surgiram as duas senhoras. Dona Izabel aparentava

não mais do que 50 anos e estava lúcida em seu desdobramento. Cumprimentou-nos respeitosamente, informando-nos que seu marido não estava muito bem de saúde naqueles dias, razão pela qual não poderia nos acompanhar. Pela medicação utilizada seu desprendimento do organismo físico, ficara um tanto comprometido. Ele decidiu em ficar de repouso.

Miguel apresentou-as a todos e quando me apresentou como o futuro pai de Rosângela, ambas ficaram emocionadíssimas, o que nos tocou profundamente. As lágrimas de uma mãe são gotas de amor materializadas, diretamente do coração.

Colocamos-nos a caminho. A casa da mãe de Vera distava apenas dois quilômetros, razão pela qual resolvemos ir a pé.

Próximo do local, Miguel me orientou:

– Meu amigo, você assistiu nossa chegada e abordagem na casa de dona Izabel. Agora é a sua vez de comandar os procedimentos. Ficarei com a mãe e avó de Rosângela um pouco mais distante para que você organize tudo sem minha interferência.

– Certo, Miguel. Farei o meu melhor.

– Leve um bastão de luz com você. Use-o se tiver necessidade. Estarei aqui aguardando. A mãe de Vera chama-se Lucinda e deverá estar desdobrada quando da sua chegada. Caso não esteja suficientemente pronta, aplique-lhe um pouco de relaxante para facilitar seu desprendimento.

Apesar das instruções de Miguel, confesso honestamente que naquele momento, senti um frio na barriga, na expressão comum que eu me utilizava quando encarnado.

Chegamos à residência de dona Lucinda e percebi que não havia defesa de natureza alguma. A porta em nossa dimensão encontrava-se entreaberta. Por medida de precaução, como o nosso grupo era grande, solicitei que dez dos nossos legionários cercassem a casa, para evitar qualquer situação embaraçosa.

Eu entraria com mais três companheiros. Todos portavam bastões de luz, caso fosse necessário alguma medida emergencial.

Entramos calma e respeitosamente, chamando por dona Lucinda.

Como ela não se apresentou, fomos até seu quarto onde com certeza poderíamos encontrá-la.

A cena inicial foi lamentável. Seu marido não propriamente dormia, mas encontrava-se totalmente desacordado, anestesiado que estava pela quantidade de álcool ingerida. Exalava vapores alcoólicos de seu centro de força gástrico, em grande quantidade, o que era sugado por duas entidades, que se apresentavam totalmente alcoolizadas.

Uma terceira entidade, de aspecto agressivo, mas um tanto mais sóbrio, acuava dona Lucinda em um canto do quarto. A pobre senhora orava segurando um terço na mão, porém sem muita certeza nos benefícios da prece.

Imediatamente ocorreu-me um pensamento, em relação sua postura diante da oração.

– Como a prece, esse veículo sublime de ligação criatura- Criador é tão negligenciado por tantas pessoas.

Aproximei-me um pouco mais, quando fui percebido pela entidade, que se virou, e exalando um hálito fortíssimo de álcool, perguntou:

– Quem é você e o que quer aqui? Saia imediatamente antes que eu o coloque para fora, junto com os seus amigos, de quem também não tenho medo.

– O senhor não precisa se preocupar conosco porque não viemos buscar nada do que lhe pertence, se é que algo aqui seja de sua propriedade. — Disse por minha vez.

O homem ficou colérico. Alterado que estava pelo

álcool, partiu em minha direção, sacando de uma faca que trazia na cintura e gritando:

– Vou furar você e cortá-lo todo, maldito invasor. Você sairá daqui em pedaços.

Tive que agir rápido e dirigi o bastão de luz na direção de seu rosto, quando o acionei, um clarão intenso atingiu seus olhos, colocando-o a nocaute. Um dos nossos assistentes aplicou-lhe um leve sedativo, fazendo que serenasse por completo.

Envolvemos na sequência dona Lucinda que ainda encontrava-se assustadiça, buscando acalmá-la. Solicitei para que um dos amigos aplicasse um passe fora do ambiente em que nos encontrávamos.

Agora a decisão estava em minhas mãos. Como dirigente do grupo, não poderia deixar a situação como estava.

Chamei os demais legionários para auxiliarem no afastamento daquelas entidades do local porque teríamos que voltar com dona Lucinda após a reunião em nossa colônia.

As entidades foram removidas para fora da casa onde fizemos preces e aplicamos passes energéticos, sabendo, porém, que a atitude do esposo de Lucinda as atrairia novamente para o seu convívio.

Sabemos bem que é da lei: "semelhante atrai semelhante".

Retornamos ao ponto onde se encontrava Miguel e nossas duas irmãs. Aproveitei para apresentar-me a dona Lucinda e, em seguida, rumamos para o nosso veículo de transporte.

Narrei resumidamente o ocorrido para o amigo, que me respondeu calmamente:

– Estava informado desta situação do alcoolismo do marido de Lucinda, que por sua vez, costuma acompanhar o marido em seus tragos habituais. Não costuma beber todas as noites, mas com regularidade nos fins de semana. São os alcoólatras de fim de semana.

– Espiritualmente possui certa lucidez, entretanto, utiliza de seu livre arbítrio de maneira equivocada. Mas, independente de seus deslizes e acima de tudo, está o seu coração materno, que ama Vera e fará de tudo para que a filha seja bem encaminhada e atendida pelo amor de Deus, refletido na boa vontade de seus semelhantes.

Encerrando a nossa rápida conversa, deu instrução ao piloto para partirmos.

Capítulo 13

A reunião

Ao retornarmos a nossa colônia, Joana já havia tomado as providências necessárias para a reunião. Estavam presentes parentes e amigos de todos os envolvidos no drama de Jaime, Vera e Rosângela.

Acomodamo-nos em um dos amplos salões do Centro de Reencarnação, quando Joana convidou para a prece.

Enquanto orava, pude constatar novamente, que do alto, luzes de cor azul prateada envolviam a todos, dando-nos a impressão de sermos abraçados por entidades superiores. Uma chuva de estrelas pequeninas caiu suavemente sobre nós e ao tocar-nos eram imediatamente absorvidas, nos energizando agradavelmente.

Terminada a emocionante rogativa, Joana fez uso da palavra:

– Irmãos em Jesus, a paz permaneça em nossos corações!

– Estamos reunidos para iniciarmos o exercício conjunto do amor, porque aprendemos com Jesus, que unidos somos mais fortes e efetivos no bem.

– O próprio Senhor não abriu mão da companhia de seus discípulos, ensinando com clareza que o trabalho em favor do semelhante, quando dividido, oferece oportunidade para todos que nele se envolvam. Unidos somos como um feixe de varas que juntas oferece resistência ímpar, sozinhas, são facilmente quebradas. Portanto, chamei-os aqui para que iniciemos nosso trabalho em favor de nossos queridos filhos, unidos no propósito de fazer o melhor para esses corações que se perderam na ilusão da dependência química.

– Sabemos do esforço que todos fizeram no sentido de dar-lhes a educação mais aprimorada possível, oferecendo caminhos voltados para o bem pessoal e do semelhante. Porém, apesar do investimento que todos nós realizamos em favor de nossos filhos amados, somos sabedores que cada um utiliza seu livre arbítrio conforme decisão pessoal. Assim sendo, cabe-nos respeitá-los em suas decisões, mesmo quando temos plena certeza de que são opções equivocadas. Nosso Senhor, Criador da vida, demonstra-nos que sua justiça magnânima está exatamente em oferecer a cada um de nós a liberdade de escolha, com a consequente responsabilidade e, revisões, se necessário for, na medida em que nos conscientizamos.

– Se acertamos, temos a liberdade de continuar na mesma trajetória melhorando resultados, crescendo interiormente. Se nos equivocamos, estamos aprendendo também, de maneira por vezes mais penosa. Porém, à medida que tomamos consciência dos nossos desacertos, oferece-nos a justiça divina, a oportunidade de refazermos aquilo que nos compromissamos equivocadamente.

– Não estamos aqui reunidos para apontar erros no processo educacional de quem quer que seja, nem tão pouco para acusar este ou aquele, mas sim, auxiliar os que nos são caros para que em breve tempo possam trilhar caminhos novos com Jesus.

– Lembremo-nos que poderíamos estar na posição de nossos jovens, que por vezes, intimamente condenamos sem conhecimento de causa.

Acreditamos sinceramente que os pais conscientes oferecem o que tem de melhor em seus corações para aqueles que amam, não cabendo culpas ou acusações de qualquer natureza, quando o filho ou filha venha a desviar do caminho, na busca de ilusão passageira.

– Exatamente por achar-me de consciência tranquila em relação a minha condição de mãe, de que procurei junto com o esposo querido fazer o melhor ao meu alcance, cabe-me antes de tudo, reconhecendo-me como irmã em Jesus daquele que um dia me foi presenteado como filho, posicionar-me neste instante não apenas como mãe, mas acima de tudo, como filha do mesmo Pai. Logo, Jaime, Rosângela e Vera, são para nós os irmãos que se perderam no caminho, e como somos da mesma família universal, cabe-nos retornar para resgatá-los e conduzirmo-nos felizes ao regaço de Nosso Senhor.

– Portanto amigos, estou aqui para pedir que o coração de cada um esteja presente através de preces, fortalecendo a mim e ao meu querido esposo em nossa próxima jornada reencarnatória.

– Sabemos que será exigido um esforço considerável de todos nós para recuperarmos esses nossos amados que se equivocaram por um instante, mas tenho fé em Deus, em Jesus e também, na bondade de cada um de vocês aqui presentes, que o apoio do amor não nos faltará.

– Peço neste momento que Jesus nos sustente em nossos propósitos e que o Senhor da Vida nos abençoe.

Joana encerrou com a prece do "Pai Nosso", levando-nos a refletir com suas palavras nos desafios que nos aguardavam, a todos, direta ou indiretamente. Pois no fim, o sucesso ou insucesso na vida, é responsabilidade de todos, porém, quando o insucesso ocorre, geralmente é imputado de forma cruel, somente para alguns.

Capítulo 14

O retorno

Encerrada a reunião, nos preparamos para acompanhar as senhoras Cândida e Izabel, avó e mãe de Rosângela e dona Lucinda, mãe de Vera.

Embarcamos no veículo que nos levaria até a residência de ambas e, durante o trajeto, tive oportunidade de conversar com dona Lucinda.

– Posso fazer-lhe uma pergunta?
– Sim?
– Gostaria de saber o nome de seu marido.

– Chama-se Bartholomeu. Por que o senhor quer saber?

– Desculpe-me a indiscrição em abordar este tipo de assunto, porém, eu e meus amigos percebemos que ele costuma fazer uso de alcoólicos em demasia, não?

– Sim. Principalmente nos fins de semana e eu que não tenho muita força de vontade, com o estímulo que recebo, acabo bebendo também.

– Conheço muito bem essa história, dona Lucinda.

– Lucinda, por favor.

– Lucinda, como estava dizendo, retornei ao plano espiritual, onde me encontro atualmente, como suicida inconsciente, através da dependência química no alcoolismo.

– Não diga?

– Sim. E necessitei de um longo tratamento, que incluiu, além da parte medicinal, a psicológica, a fluidoterápica e principalmente a evangélica, visando a minha reeducação de pensamentos e atitudes, pautada dentro do Evangelho de Jesus. Ainda hoje, mantenho uma medicação especial, para melhor controle frente à dependência.

– Sabemos bem que o dependente, antes de tudo é um enfermo, que não se liberta facilmente da enfermidade, porém, necessita lutar bravamente para evitar a reincidência.

– Não tinha essa visão tão clara, Orlando. Se você me permite a observação.

– Com certeza. Entre irmãos não existe a necessidade de formalismo. Mas, como dizia, no início acreditava possuir controle absoluto da situação. No entanto, a dependência é enfermidade silenciosa, que vai ocupando espaço em nossa vida sorrateiramente.

– Você acredita que possa fazer algo pelo Bartholomeu e por mim? Ajudar-nos nesta questão tão delicada?

– Posso falar com o Miguel assim que desembarcarmos e verificar o que pode ser feito. Até porque, vamos precisar cada vez mais de sua lucidez no processo do desdobramento para nos assistir com a nossa querida Vera.

– Sem dúvida, Orlando. Como mãe farei tudo o que for possível pela minha filha e em breve tempo, sua e de Joana também.

Ao desembarcarmos e conduzirmos as nossas amigas para os seus respectivos lares, tive oportunidade de iniciar uma conversa a respeito da situação de Lucinda e Bartholomeu. Narrei sucintamente os pontos principais da situação perguntando o que de efetivo poderíamos fazer.

– Orlando, — disse-me ele – podemos levar todas as noites os nossos irmãos para um tratamento adequado em nossa colônia. Porém, compreenda que a vontade deles, principalmente de Bartholomeu é imperante e que não podemos violentar o livre arbítrio de quem quer que seja.

– Você já está apto para iniciar esta atividade sem o meu concurso pelo tempo de treinamento que você possui. Esta poderá ser sua primeira missão como dirigente. O que você me diz?

– Honestamente, Miguel, não sei se estou preparado.

– Orlando, sabe do conto espírita sobre um médico que queria estar muito bem preparado para poder atender seus futuros pacientes?

– Não.

– Pois bem! Conta-se que um Espírito, depois de conscientizado do tempo perdido em suas últimas reencarnações, retornou ao planeta em condições favoráveis para exercer atividade especial na área da medicina. Seu intento era ajudar o semelhante e procurar recuperar o tempo gasto em situações efêmeras.

– Teve infância e juventude feliz e depois de formado, o rapaz conheceu a Doutrina Espírita e percebeu que poderia trabalhar em favor do semelhante. Porém, não se sentia preparado, como profissional e como voluntário na Seara do Cristo.

– Dessa forma, iniciou uma série de cursos extras na área médica, dedicou-se com afinco em seus estudos do Evangelho. Como vinha de família abastada, todas as suas necessidades estavam muito bem atendidas.

– Estudava de manhã até a noite. E quanto mais estudava menos se sentia preparado para o trabalho. Sempre que recebia um convite para abraçar uma tarefa no Centro, utilizando-se dos seus conhecimentos na área da medicina, desculpava-se informando que não estava a altura do compromisso.

– O tempo foi passando e um dia, um infarto do miocárdio ceifou-lhe a vida no corpo físico. Chegando ao plano espiritual, verificou que sua ficha de trabalho continuava tal qual estava quando houvera saído para a sua reencarnação. Em branco!

– Estudar e preparar-se bem é postura de quem compreende que a caridade exige discernimento para ser efetiva. Mas é na prática dela que substituímos velhos conceitos e exercitamos o amor, transformando o homem velho em homem novo.

– O conto é simples, porém verdadeiro. Precisamos colocar nossas mãos em serviço confiando em Jesus, e com certeza ele nos orientará onde nós poderemos ser mais úteis e melhores.

– Miguel, como se diz comumente, joguei a toalha. Você tem razão!

– Então, meu amigo, vamos embora porque o dia nos espera com muito estudo e acima de tudo, muito trabalho.

Capítulo 15

O amor auxilia sempre

No intervalo do meu treinamento, liguei para Talita, minha assistente na Legião de Jesus, marcando uma pequena reunião para aquele mesmo dia, após o expediente no hospital.

Todos estavam presentes no horário acertado. Resumi a conversa que havia tido com Lucinda e as recomendações de Miguel. Faríamos uma tentativa de orientação a Bartholomeu, no sentido de conscientizá-lo a respeito de sua dependência no álcool, que parecia se aprofundar com o tempo.

Por sua vez, Lucinda envolvia-se gradativamente na dependência, junto com o esposo que a estimulava sobremaneira. Caso deixássemos a situação sem nenhuma atitude de nossa parte, estaríamos faltando com a caridade, uma vez que tínhamos o conhecimento do problema, e ainda perderíamos a oportunidade de contarmos com o auxílio do casal no reencarne de Vera. Necessitaríamos de toda ajuda possível e unir esforços para trabalhar por sua recuperação.

Os Legionários aquiesceram ao convite e nos dispusemos ao trabalho, que seria iniciado naquela noite mesmo. Acertamos que sairíamos por volta da meia-noite, podendo com certeza encontrá-los dormindo e provavelmente desdobrados.

No horário acertado, embarcamos no veículo que nos conduziria até a residência dos nossos amigos.

Chegamos relativamente rápido e encontramos a porta da casa, em nossa dimensão, aberta para variar.

Estava na sala, um dos Espíritos que havíamos encontrado na noite anterior. Um sujeito magro e pálido, vestido de farrapos imundos.

Quando nos viu levantou-se do sofá onde estava recostado, falando em tom ameaçador.

– O que vocês querem aqui? A casa nos pertence. Saiam imediatamente!

Retirou uma faca da cintura e fez menção em atacar-me. Um dos legionários agiu rápido utilizando um neutralizador com descarga elétrica paralisando a pobre entidade imediatamente.

Tratamos de acomodá-lo deitando-o no sofá, enquanto aplicavam-lhe um medicamento para tranquilizá-lo. Em seguida, fomos até o quarto do casal.

Bartholomeu praticamente não conseguia sair do corpo físico, apesar do sono profundo. Notamos que a quantidade de alimentos ingeridos no jantar influenciava diretamente esta condição. Carnes e alimentos indigestos, principalmente para o horário noturno haviam sido ingeridos em grande quantidade.

Lucinda encontrava-se desdobrada e sentada ao lado da cama em uma poltrona.

Ela nos reconheceu de imediato e veio em nossa direção saudando-nos.

– Orlando, pessoal, que bom vocês terem vindo. Muito obrigada.

– Olá, Lucinda, tudo bem? E o Bartholomeu?

– Estou bem, mas Bartholomeu exagerou nos assados, apesar dos meus pedidos para tomar cuidado com a saúde.

– Ele bebeu algo alcoólico hoje?

– Não. Ele só bebe nos fins de semana, quando tira o atraso. Ele gosta de muitas frituras e carnes assadas, principalmente as gordas.

– Temos um médico em nossa equipe. Vou pedir para que examine Bartholomeu e depois vamos tentar conversar um pouco, caso ele tenha condição de fazê-lo.

– Enquanto o médico faz uma avaliação sobre a saúde de seu esposo, por favor, faça-lhe companhia, está bem?

– Sim, Orlando. Com certeza.

Achei melhor para que ela não presenciasse a cena do companheiro que estava no sofá.

Ao me aproximar, percebi que ele já tinha se acalmado, pelo efeito do medicamento recebido.

Um dos legionários informou que ele já havia sido examinado pelo médico e que apesar da aparência, mantinha um bom nível de lucidez.

Resolvi então, iniciar um diálogo:

– Meu irmão, meu nome é Orlando. Somos legionários de Jesus e viemos em paz. Como você está?

Ele olhou-me desconfiado e respondeu:

– Que negócio é esse de me chamar de irmão. Vocês atiraram algo em mim e depois vem me chamar de irmão?

– Perdoe por termos agido dessa maneira. Mas, lembre-se que você sem saber do que se tratava, quis nos agredir com uma faca.

– Claro. Vocês foram entrando sem mais nem menos. Invadindo a minha casa.

– Sua casa?

– Sim, é minha casa. Esses dois invadiram quando fui para o hospital. Morava aqui sozinho, até o dia que me senti mal e fui internado. Quando voltei, haviam invadido.

– Quanto tempo faz isso mais ou menos?

– Uns cinco anos. Aí conheci mais dois amigos que estão tentando me ajudar a expulsar esse casal de invasores do meu lar. Porém, está difícil.

Nesse instante, solicitei a um dos legionários que tinha a faculdade da vidência extremamente apurada para buscar informações no subconsciente do companheiro necessitado.

Em instantes informou que ele houvera sido o dono anterior do imóvel e com o seu desencarne, os filhos que herdaram a residência, resolveram alugar para Bartholomeu.

Seu nome era Rui e havia enviuvado cinco anos antes do seu desencarne. Tinha registros em sua memória que demonstravam que sua esposa já havia tentado retirá-lo dali inúmeras vezes. Acredita ele ver o fantasma dela por não perceber que se encontra desencarnado. Os associados a ele são Espíritos que também ignoram sua situação e vivem pelas redondezas. Não são criaturas más, apenas ignorantes.

De posse dessas informações, resolvi tentar outra abordagem:

– Como é o seu nome?

– Rui. Por quê?

– Gostaria de conversar com você tratando-o pelo seu nome.

– Você o que é? Médico?

– Não. Mas temos um médico aqui conosco que poderá auxiliá-lo. Você gostaria de falar com ele?

– Não sei. Será que eu estou precisando de outra internação?

Percebi que ele era um tanto preocupado com a questão de sua saúde e poderia ser o gancho que eu precisava para assisti-lo convenientemente.

– Talvez uma internação não seja necessária, mas

um repouso em uma clínica pode fazer muito bem a você. Acho que você está um pouco abatido, ou é apenas minha impressão?

– Pode ser, é por causa da cachaça que eu bebo junto com os meus amigos. Este invasor gosta de beber e aí a gente se aproveita da bebida dele.

Percebi que ele vampirizava Bartholomeu sem noção do que fazia, provavelmente os outros dois que o acompanhavam também agiam da mesma maneira.

Nesse ínterim, adentra a sala a esposa desencarnada de Rui. Uma entidade resplandecente em luz cor de rosa, digna de quem possui muito amor no coração.

Todos nós ficamos impressionados com a suavidade de suas vibrações. Ela saudou-nos amorosamente:

– A paz do Cristo esteja em nossos corações.

– Assim seja, minha irmã.

Rui desta vez não conseguia vê-la.

Ela iniciou dizendo:

– Chamo-me Rosa e Rui é o companheiro do meu coração. Busco retirá-lo desta situação há quase cinco anos, sem sucesso, porém, sei muito bem que o tempo é o remédio santo de Deus e é necessário aguardar o momento adequado, quando esteja mais maduro para poder auxiliá-lo convenientemente. Nossos irmãos maiores me disseram que logo surgiriam amigos de outros planos que me auxiliariam a retirá-lo da situação em que se encontra.

– Senhora, estamos aqui para auxiliar no que for possível.

– Vou inspirar-lhe confiança em você para que aceite suas indicações de repouso e tratamento. Após, por favor, dê-lhe um sedativo para que eu e minha equipe, que está a caminho, possamos conduzi-lo para a Colônia onde resido.

– Sim, senhora, com prazer.

Voltando-me para ele, convidei-o:

– Rui, não seria conveniente você nos acompanhar para uma visita a um médico onde poderia realizar alguns exames?

Notei que antes de sua resposta, sua amorosa esposa envolvia-lhe em vibrações superiores. Com a sua mão direita sobre o centro coronário, emitia energias suaves, no sentido de encorajá-lo em aceitar nossa proposta.

– Você acha realmente necessário? Como percebi que vocês são religiosos e estão me tratando tão bem, a sugestão parece bem adequada.

– Mas, senhor Orlando, não tenho dinheiro para a consulta e exames.

– Não se preocupe com isso, Rui. Seremos os responsáveis pelo seu encaminhamento. Você não precisará pagar nada.

– Nesse caso, aceito sua proposta. Mas antes eu acho que vou precisar repousar um pouco, porque me sinto muito fraco, com um sono incontrolável.

– Fique em paz, Rui. Você será atendido convenientemente e quando despertar estará entre amigos.

Ele adormeceu com os elementos calmantes que recebia de sua esposa enquanto um dos Legionários aplicava-lhe uma medicação para mantê-lo por um pouco mais de tempo adormecido.

Dona Rosa agradeceu-nos a todos e, em instantes, sua equipe composta de cinco atendentes chegou com equipamentos adequados para transportar o novo amigo.

Fiquei pensando enquanto o levavam nas questões relativas aos nossos valores. Por vezes nos apegamos às coisas ou situações de tal maneira que simplesmente ignoramos o tempo, a vida e a nós mesmos.

Mas era preciso trabalhar. O doutor já havia feito os exames em Bartholomeu e agora éramos nós que deveríamos dar continuidade no atendimento.

Capítulo 16

Bartholomeu e Lucinda

Retornei ao quarto do casal e pude notar que Bartholomeu estava agora desdobrado e razoavelmente consciente em virtude dos passes magnéticos que havia recebido, assim como uma medicação para acelerar seu processo digestivo.

Dona Lucinda foi quem nos introduziu a conversa:

– Barthô, esses são os amigos de nossa filha Vera, de quem eu lhe falei.

Achei por bem tomar a iniciativa:

– Como vai indo, Bartholomeu? Chamo-me Orlando e estou a seu dispor.

– Muito prazer, Orlando.

– Minha esposa informou-me que você e sua equipe são trabalhadores espíritas e se interessaram pelo caso da minha filha, pois não?

– Sim, é verdade.

– Como está aquela perdida? — Questionou.

– Ela encontra-se no momento em tratamento no hospital de nossa cidade. Um dia desses se você desejar, poderemos acompanhá-lo para uma visita.

– Não quero saber daquela viciada que só me trouxe tristezas e aborrecimentos manchando o nome da família.

– Não fale assim, Barthô. Ela é a nossa filha. — Interviu Lucinda.

– Nossa filha? Quem quer uma filha que vive de prostituição e drogas? Só a morte pode querer esse tipo de gente.

Bartholomeu mostrava-se mais magoado e sofrido do que necessariamente cruel. Podia entender seu desespero de homem honesto, porém ainda bruto nos seus sentimentos. Era urgente alterar o rumo do diálogo para não permitir que a vibração caísse ainda mais.

– Bartholomeu, a morte não existe. Não como muita gente acredita.

– Para vocês espíritas eu sei que não. Frequentei com Lucinda algumas sessões aqui perto de casa para ver se dávamos um jeito naquela desmiolada, mas não adiantou muita coisa. Além de não ter muita paciência, nunca acreditei verdadeiramente que tudo aquilo pudesse resolver.

– Entendo. Porém, vim fazer um novo convite para que todas as noites você e Lucinda frequentem uma reunião de uma casa espírita que fica próxima daqui. Isto exigirá de vocês, principalmente de você Bartholomeu, determinada dose de sacrifício em favor de sua filha e de você mesmo. Estaria disposto a esse novo empreendimento?

– Mais sacrifícios por ela, do tanto que já fizemos? Estou cansado.

– Compreendo, mas quando amamos nunca nos cansamos de lutar pela criatura amada, não é?

– Isso é. Todavia, tudo que fizemos até agora foi em vão.

– Pode ter parecido em vão, Bartholomeu, mas na verdade, as preces de Lucinda, seu esforço como pai, foram ouvidos por Jesus e seus mensageiros do bem.

Nada do que vocês fizeram foi em vão. O Senhor ouve todos os nossos pedidos e nos atende na medida de nossas necessidades e no tempo preciso. Como ele nos ama verdadeiramente, sabe que precisa respeitar nossas escolhas, até o momento que mais amadurecidos, resolvamos escolher novos caminhos, do amor e da verdade.

– Confie um pouco mais. Nós o auxiliaremos nessa nova jornada. Precisamos de seu apoio como pai para sermos mais efetivos com a recuperação da Vera.

Nesse momento notei que os seus olhos estavam marejados e as fibras mais íntimas de seu coração tinham sido tocadas pela lembrança de Vera nos seus momentos de criança e adolescência.

– Talvez você tenha razão, Orlando. Não custa tentar mais uma vez. Quem sabe?

– Deus sabe, Bartholomeu, Deus sabe!

– Mas, você se referiu a minha pessoa também, não foi?

– Sim. É urgente você suspender o uso do álcool e conscientizar-se que a sua alimentação necessita também ser revista. Seu organismo não irá suportar tantos abusos durante mais tempo e um enfarto do miocárdio ou um acidente vascular cerebral poderá surpreendê-lo desagradavelmente.

– Como você sabe disso?

– Sei por que você foi examinado enquanto estava totalmente anestesiado pelo excesso de alimentação noturna. É necessário revermos posturas e alterarmos hábitos porque viver mais ou menos tempo no planeta passa, na grande maioria das vezes, diretamente pela nossa liberdade de escolha e hábitos.

– A decisão é sempre nossa e o Senhor que nos ama, respeita-nos, inclusive nossos equívocos.

– Que devo fazer para mudar a situação?

– Você despertará amanhã com certa indisposição, além de uma dor no peito e deverá procurar um médico, que será intuído por um dos nossos legionários. O médico indicará uma dieta e a suspensão de qualquer bebida alcoólica. Preste muita atenção, Bartholomeu, nas recomendações dele para evitar que seu desencarne ocorra antes do previsto.

– Desencarne?

– Morte, Bartholomeu. Morte do corpo físico.

Percebi que ele realmente se impressionou nesse instante. Notei que aquilo que havíamos conversado já era suficiente para o primeiro encontro. Teríamos que deixá-los e tomar mais algumas providências finais.

Antes que eu me retirasse, ele perguntou:

– Orlando, o que devemos fazer de imediato em nosso favor?

– Prece, meus amigos. Confiança em Deus, em Jesus e prece. Lembremo-nos sempre do "orai e vigiai".

Despedimo-nos e na saída, encontramos as duas entidades que costumavam envolver-se com o Rui.

Uma delas mediu-me com o olhar de cima a baixo, pigarreou, cuspiu para um dos lados e com desdém perguntou:

– O que vocês querem aqui em minha casa?

– Sua casa? Ela nunca foi sua casa.

– Ela é do Rui e ele é meu amigo. Se ela é do meu amigo, ela também é minha.

– Você está enganado. O Rui não reside mais aqui a partir de hoje. Ele foi para uma nova morada onde irá iniciar um tratamento adequado para a sua saúde.

– Se vocês quiserem nos acompanhar podemos levá-los até ele e talvez vocês também possam ser atendidos na clinica para onde ele se transferiu.

– Nós não precisamos de nada. Estamos bem assim do jeito que vivemos. Queremos entrar para checar se o que você nos diz é verdade.

– Agora a entrada não será mais permitida porque o novo dono da residência é Jesus. Nossos companheiros nesse exato instante estão instalando barreiras magnéticas fechando a porta em definitivo. Você pode notar que ela já não se encontra mais aberta.

Enquanto eu ganhava tempo, três dos nossos legionários instalavam pequenos aparelhos que emitiam uma espécie de choque de média voltagem visando impedir a atuação de entidades desequilibradas até que Bartholomeu e Lucinda estivessem melhor preparados e buscassem o recurso da prece com maior regularidade para fortalecerem suas próprias defesas.

A entidade não me deu ouvidos e avançou em direção a porta. Foi repelida por um choque que a fez recuar. Tremendo e gritando, fugiram espavoridos.

Perguntei naquele instante ao médico que nos acompanhava o que seria deles. Ele estando há mais tempo trabalhando em campo, provavelmente deveria ter visto algo semelhante.

– São na verdade, Orlando, verdadeiros desocupados espirituais. Vivem vagando em busca de aventuras e ilusões, tais como quando viviam durante o estágio no corpo físico. Ninguém muda drasticamente porque desencarna. Com o tempo e algumas decepções acabarão aprendendo que de ilusão não se vive e sim se vegeta.

– Podemos ir, meu chefe? — Perguntou-me sorrindo.

– Chefe, eu? Só se for da tribo, que ainda não encontrei. Mas podemos ir sim, meu amigo e parceiro.

Capítulo 17

A prisão

Minhas atividades prosseguiam normalmente. As aulas práticas pela manhã impressionavam os alunos com sua tecnologia sofisticada, criando situações de extremo realismo. Após a aula, o trabalho no hospital era o que me reenergizava.

Pensava sempre a respeito da oportunidade do serviço no hospital. Trabalhar e ser útil para o próximo é um dos maiores investimentos para a nossa felicidade, pois tranquiliza a consciência, nos dando a certeza do dever cumprido. No final, constata-se que fazer o bem, é bom para nós mesmos!

No início e final do expediente, fazíamos a prece em conjunto com os nossos dirigentes de cada turno, o que nos irmanava ainda mais, promovendo um verdadeiro exercício de solidariedade.

Na saída fui abordado por Miguel, que sorrindo relatou seus novos planos.

– Amigo, vejo que você está se saindo muito bem nas aulas práticas, como também em trabalho de campo. Soube conduzir-se adequadamente na liderança do grupo.

– Acredito sinceramente que já é tempo de você assumir o trabalho sem minha participação, o que me permite providenciar a minha transferência para a colônia de minha futura esposa.

– Miguel, honestamente não sei se tenho tanta competência assim. Sinto que me falta experiência.

– Mas é no exercício de suas atividades que você poderá aprimorar-se. Orlando, não se preocupe, porque aprendemos o tempo todo quando nos propomos a servir no bem. Essa é mais uma das tantas bênçãos que recebemos do Pai. No serviço ao próximo, somos alunos diretos de Jesus. Aprendemos com Ele em Mateus 25:40

que: "Em verdade vos digo que quando o fizestes a um destes meus pequeninos irmãos, a mim o fizestes".

– A propósito, falando em servir, você recebeu uma solicitação da Coordenadoria para a realização de uma incursão amanhã nos Vales de dor? Como eles sabem que ainda estamos trabalhando juntos, fui copiado no texto.

– Sim, Miguel, recebi. Como nãos sei de todas as providências a serem tomadas em um caso destes, gostaria que você me auxiliasse.

– Claro, com certeza! Talita já conhece bem o procedimento, apesar da sua simplicidade. Quando recebemos uma solicitação, ela envia a convocação aos legionários e já informa aos departamentos do hospital onde cada um trabalha. Para aqueles que participam de algum curso, as escolas são avisadas para que o aluno possa repor a aula em outro dia da semana.

– Excelente! Obrigado. Vou marcar para depois de amanhã porque quero me inteirar dos fatos sobre quem iremos atender.

– Ótimo, Orlando. Faça isso sim.

Na manhã seguinte, antes de minha aula, solicitei as providências para minha competente assistente e de posse do prontuário tomei conhecimento dos pontos mais importantes relativos à irmã que iríamos assistir.

Tratava-se de uma jovem chamada Edna, com aproximadamente 30 anos, recém-desencarnada por overdose. Encontrava-se envolvida por algumas entidades que lhe faziam companhia na condição de vampiros.

Após o desencarne, ela e seus obsessores foram capturados por um grupo de Espíritos denominados "Justiceiros". Todos foram conduzidos para um local no Vale de dor, conhecido como Prisão.

A intercessão partia de sua avó, dona Cristina, que apelou diretamente ao nosso Coordenador. As instruções que constavam no documento que eu tinha em mãos eram para que eu solicitasse em seu nome a libertação da jovem para o responsável do local.

Conversei com Miguel sobre o caso, assim que analisei o prontuário. Ele recomendou que levássemos também alguns cães da raça Pastor Alemão para aumentar nossas medidas preventivas.

Durante o dia, Talita providenciou todo o material que iríamos necessitar, bem como os cães, que seriam acompanhados por dois dos seus responsáveis.

Quando nos reunimos para a nossa incursão, no dia seguinte, o Sol ainda não havia nascido. Miguel dirigindo-se a mim, disse:

– Orlando, eu serei um dos seus assistentes. Sinta-se totalmente à vontade para as instruções necessárias.

– Obrigado pela confiança, Miguel.

Com tudo preparado, convidei o grupo para a prece inicial de nossas atividades e, em seguida, nos encaminhamos em direção aos portões das muralhas que cercavam a colônia.

Conforme adentramos a região do Vale, na direção da Prisão, o terreno foi ficando mais árido e de difícil acesso, pela quantidade de pedras de grande porte que encontrávamos a nossa frente. Tínhamos por vezes que procurar passagens alternativas para contorná-las. O calor era simplesmente insuportável, o que fazia com que todos suássemos em bicas.

Isso deixava nossa jornada mais extenuante, sem dizer dos cuidados que tínhamos para não rolar ladeira abaixo, pois o local para onde nos dirigíamos ficava em uma parte profunda do Vale.

Aos poucos as trevas foram se tornando mais densas, exigindo que redobrássemos nossa atenção quanto à possibilidade de algum grupo decidir nos abordar de forma violenta.

Acendemos os bastões de luz, com claridade suficiente para aumentar nossa segurança, apesar dos óculos de visão noturna que faziam parte do equipamento. A luz servia para afastar algumas entidades que costumavam agir por conta própria com atitudes de violência ou revolta pelo simples fato de estarmos passando pela região que acreditavam pertencer-lhes.

Ao nos aproximarmos do local, identificado pelo localizador, aumentei o potencial de alcance e visão dos óculos que utilizava. Divisei uma espécie de fortaleza em estilo medieval, construída de troncos ressequidos, de cor escura, com uma espécie de fosso ao redor e uma ponte praticamente caindo aos pedaços, como passagem para a única entrada que era possível ser vista.

Torres de vigia instaladas por trás daquela cerca gigantesca faziam parte do cenário lúgubre.

Olhei para o Miguel e perguntei:

– Amigo, preciso da sua ajuda. Não esperava encontrar esse cenário todo. Como faremos para entrar? Trata-se de uma fortaleza, onde vejo guardas nas torres.

– Calma, Orlando. Quais são as instruções que você recebeu no prontuário?

– Pedir para o responsável a libertação em nome de dona Cristina, que é a avó de Edna.

– Pois então, peça.

– Simples assim, Miguel?

– Costuma não ser muito simples. Mas o que conquistamos sem o nosso empenho de uma maneira geral na vida?

Aproximei-me o máximo que pude da ponte, até ouvir um dos guardas gritando:

– Identifique-se antes que eu dispare.

Apesar da distância, notei que ele tinha uma besta apontada em minha direção.

Procurei não vacilar e com voz firme, porém respeitosa, respondi:

– Venho em nome de dona Cristina que pede para que façamos uma solicitação ao diretor de sua instituição.

O sujeito gargalhou estridentemente e retrucou:

– Escute aqui, você acha que eu vou chamar o meu chefe e dizer que você quer falar com o nosso "Príncipe"? Vou dizer a ele que tem alguém no portão que veio em nome de uma tal de Cristina? Você é maluco ou coisa assim? Vá embora antes que eu perca a paciência e atire, mandando você de uma vez para o inferno.

O tom de voz que o guarda utilizava chamou a atenção de outro que se aproximou querendo saber do que se tratava. Pude notar que conversaram rapidamente e que o outro se afastou da muralha.

– Fique exatamente aí onde eu possa vê-lo, enquanto aguardamos meu colega que foi checar sua história. Tomara que ele venha com uma resposta positiva, senão você vai pagar caro por ter tomado meu tempo.

Fiquei aguardando até que ouvi o som das trancas serem tiradas dos portões que se abriram logo de imediato.

Veio um guarda ao nosso encontro, demonstrando ser uma espécie de comandante e alertou:

– Entrem somente dois de vocês. Caso portem algum tipo de arma, deixem-nas agora com seus acompanhantes.

Fiz sinal para que Miguel me acompanhasse e quando ele se aproximou, olhei para o bastão de luz que trazia em suas mãos e fiz sinal de interrogação.

Ele retirou o bastão e estendeu a mão para que eu entregasse também o meu. Não eram armas, porém qualquer tipo de instrumento suspeito impedir-nos-ia de entrar.

Resolvi esclarecer meu interlocutor:

– Não trazemos armas porque viemos em paz. Em todo caso, entraremos na confiança de que seremos tratados como amigos e não como competidores.

– Em nossa fortaleza nós é que decidimos quem é

amigo ou inimigo. Se estiverem com medo, sumam daqui agora mesmo.

Não podíamos demonstrar qualquer falta de confiança e ao ouvirmos isso, eu e Miguel fomos em direção ao nosso interlocutor.

Adentramos a fortaleza, onde as condições de higiene eram tão ou mais precárias que fora dos muros. Muitas entidades encontravam-se dementadas andando a esmo, como verdadeiros zumbis, outras eram utilizadas como escravas, sendo inclusive tratadas com chibatadas.

Podia-se ver um poste de torturas no local, e várias celas, verdadeiras jaulas feitas com varas e cipós, onde se encontravam criaturas que pediam por misericórdia ou imploravam por um pouco de água.

Quando passamos mais próximo de uma das jaulas, uma das entidades que se encontrava trancafiada, referiu-se a nós como se fossemos anjos, pedindo que a libertasse do inferno. Imediatamente recebeu pelos vãos da jaula, uma estocada com a lança de um guarda que se encontrava no local.

O tal comandante que nos acompanhava gritou:

– Aplique uma boa surra nesse aí. Onde já se viu? Achar que somos demônios e estes aqui anjinhos?!

Disse isso olhando-nos com desprezo.

Chegamos em frente à construção de característica medieval que estava em estado deplorável de conservação, onde entramos e fomos recebidos por aquele que tratavam como "Príncipe".

Era um sujeito franzino, pálido, com um ar desafiador e uma vibração que denotava contrariedade com nossa presença. Olhou-nos também com desprezo e questionou:

– O que vocês querem aqui? Por que Cristina os enviou?

– Somos da Legião de Jesus e viemos por solicitação da referida senhora, que é a avó de Edna e pede que o senhor faça a gentiliza em liberá-la, para que a transportemos até nossa colônia, onde será devidamente tratada.

Notei que ele teve um impacto quando mencionei o nome de Edna e sua condição como neta de Cristina. Olhou-nos fixamente e respondeu de forma objetiva:

– Não posso recusar o pedido dessa senhora.

Virando-se para o comandante gritou:

– Liberem Edna e coloquem esses três para fora daqui, imediatamente. Que eles saiam em segurança do meu palácio.

Com a mesma rapidez que entramos, fomos conduzidos para fora do portão e, em poucos instantes, trouxeram Edna, que estava praticamente em pele e osso, trajada de farrapos. Desacordada, atiraram-na ao chão, fechando o portão imediatamente.

Pedi que trouxessem uma maca para que pudéssemos transportá-la. Reunimo-nos aos demais legionários e partimos.

Chegamos a nossa colônia sem qualquer problema digno de nota, apesar da exaustão em que nos encontrávamos pela jornada.

Fiz questão de transportar nossa resgatada junto com um dos legionários até o hospital para tratar de sua internação.

Ao sair, recebi uma nota no meu comunicador, solicitando que comparecesse à Coordenadoria no dia seguinte, depois do meu expediente.

Fui para casa para o descanso necessário.

Capítulo 18

O príncipe

Cheguei em casa e Joana já me esperava com um caldo de legumes quentinho, que após um rápido banho, reconfortou-me sobremaneira.

– Como foi o seu dia, meu querido?

– Jô, que experiência! Achei que a situação poderia ser mais complicada, mas algumas coisas nos surpreendem, não é mesmo?

– Sempre, Orlando.

Contei-lhe o episódio, Joana escutou atentamente

cada detalhe. Acrescentei também o recado que havia recebido da Coordenadoria para que eu comparecesse no dia seguinte. Isso houvera me deixado um tanto preocupado.

Joana sorrindo, falou:

– Tranquilize-se. Geralmente nosso Coordenador, apesar de seus inúmeros afazeres chama-nos para saber sobre como estamos, como está nossa adaptação na colônia, nosso trabalho, enfim, interessa-se por nós. Talvez ainda tenha alguma coisa para explicar a respeito deste resgate. Vai saber, não é?

– Tem razão. Eu e minha ansiedade incontrolável.

– Vejo que você precisa descansar. Vamos deitar porque os seus olhos estão fechando.

Na manhã seguinte levantei-me disposto para mais um dia de estudo e trabalho. Não poderia negar que não via a hora de me reunir com o nosso Coordenador. A ansiedade realmente mata. Como já estava 100% morto, não precisava me preocupar, disse rindo para mim mesmo, porém, sabia muito bem que esse era um dos hábitos que eu precisava substituir em menor tempo possível, pois a ansiedade não permite que vivamos plenamente, observando a beleza da vida, entrando em contado com o divino em nós mesmos.

Ao final do expediente, fui para a Coordenadoria da colônia e fui recebido cordialmente pelo senhor Alberto que me conduziu a presença do nosso estimado Coordenador.

– Orlando, como vai o nosso mais recente legionário? E a nossa querida Joana?

– Estamos ótimos, Augusto, obrigado.

– Sente-se Orlando, fique a vontade.

– Como está sua adaptação em nossa colônia, e suas atividades?

– Estou muito satisfeito e agradeço pela oportunidade que me foi dada em todos os sentidos.

– Orlando, agradeça sempre a Deus e ao nosso Senhor Jesus Cristo. A obra é deles, nós somos os beneficiados quando nos predispomos a servir.

– Concordo, Augusto.

– Queria saber como você está e, ao mesmo tempo, esclarecer-lhe sobre a sua importante missão de ontem.

– Obrigado, mas você não precisava. Tem tantas coisas para fazer e eu não posso ocupar indevidamente seu tempo.

– De maneira alguma, Orlando. Será sempre uma alegria recebê-lo.

– Dona Cristina pede que eu transmita sua gratidão pelo resgate de sua neta Edna. Ela pretende estar conosco nos próximos dias e faz questão de conhecê-lo pessoalmente.

– Mas Augusto, eu só cumpri com a minha obrigação.

– Não seja modesto, Orlando. Soube de sua performance. Você merece nosso reconhecimento.

– Obrigado, mais uma vez.

– Mas, talvez você esteja curioso com o fato do "Príncipe" ter liberado Edna tão rapidamente, não?

– Bom. Isso é o que eu mais gostaria de saber. Mas, estou aprendendo a esperar o momento adequado, apesar de ser extremamente difícil. — Completei sorrindo.

Ele sorriu e falou:

– A história do chamado "Príncipe" é simples, mas sempre interessante sob o ponto de vista do que promove a caridade, que é o amor em ação.

– Em uma das suas existências, por volta do século XVIII, o "Príncipe", conforme ele mesmo se autodenominou, foi um menino que vivia miseravelmente com sua mãe que enviuvara cedo e contraíra tuberculose, doença que lhe foi roubando a vida gradativamente. A enfermidade não permitia o trabalho no campo, com o que podia tirar algo para sobreviverem, razão pela qual o menino saía pelas ruas mendigando algo para comer e levar também algum pão para casa.

– Era sempre expulso, por vezes até de forma violenta. Tempos difíceis em que a ignorância infelizmente predominava.

– Até que um dia conheceu uma senhora que pouco tinha com o que se manter. Quando o menino batia em sua porta, começou a dar-lhe parte do que possuía. Várias vezes durante a semana dividia o pão com ele e a mãe.

– Chegou mesmo a visitar a miserável choupana onde viviam na tentativa infrutífera de amenizar o sofrimento de sua mãezinha que, aliás, não durou muito. A enfermidade levou-lhe ao desencarne muito rapidamente.

– O menino logo após o desencarne de sua mãe, informou a nobre senhora que partiria e cuidaria da vida, apesar de insistentes pedidos para que ficasse, uma vez que a rua nunca foi boa companheira para ninguém.

– Não lhe deu ouvidos, mas antes de sair disse-lhe:

– Nunca esquecerei o que a senhora fez por mim e por minha mãe. Se algum dia puder fazer algo em troca, saiba que não medirei esforços.

– Claro que acabou transformando-se em um dos maiores facínoras da região. Acreditava que fora injustiçado por Deus e não mediu esforços para se vingar daqueles que o maltrataram na sua miséria. Resolveu que seria uma espécie de justiceiro das causas perdidas, não somente das suas, mas e, principalmente das causas alheias.

– Os equívocos da justiça pelas próprias mãos não é, Augusto?

– Com certeza. E com isso arrumou o seu séquito e, depois do desencarne, construíram aquele espaço que você teve a oportunidade de conhecer ontem.

– Sim. Um local desagradável. No entanto, já se passaram quase 300 anos e ele continua no mesmo local e com a mesma postura?

– Veja que as mudanças nunca são tão simples quando nos arraigamos em nossos pontos de vista. Outras vezes é o comodismo. Para mudar, temos que querer. Aceitar a proposta do Evangelho de Jesus e interiorizá-la, isto exige esforço e determinação. Não vale somente a boa intenção e lindas palavras. O Evangelho é para ser vivenciado.

—Sem dúvida, Augusto. Entretanto, o que mais me impressionou foi quando declinei o nome de dona Cristina e sua condição de avó de Edna.

– Pois é, Orlando. Dona Cristina como você já percebeu, foi a senhora que dividia o seu pão com o menino e sua mãe.

– O tempo passou, dona Cristina tomou rumos ligados ao amor e hoje trabalha em dimensão acima da nossa. Sua neta, na última encarnação, esteve envolvida com drogas pesadas, o que lhe roubou a existência que seria coroada de êxito, com o apoio que teve durante algum tempo da avozinha querida que partiu do planeta durante sua adolescência.

– Apesar da vida equilibrada que poderia ter, com o apoio dos pais e irmãos, com conhecimento de nossa abençoada Doutrina Espírita, deixou-se envolver com as drogas junto de amigos do colégio onde estudava vindo a desencarnar prematuramente, na condição de suicida inconsciente.

– Envolvida que estava com Espíritos que a vampirizavam, após o seu desencarne, ficou vagando junto com aqueles companheiros do vício, até serem capturados. Ela e mais alguns Espíritos foram presos pelos chamados Justiceiros, pois a dependência química levou-a ao crime, lesando pessoas pelos roubos praticados, chegando inclusive ao latrocínio.

– No entanto, veja o que o amor constrói.

– Apesar de todas as tentativas de recuperação de sua

avó terem sido infrutíferas, quando soube que sua neta estava na prisão do "Príncipe", pediu nossa intervenção.

– Obviamente, ela também trabalha pela recuperação do rapaz, mas a resistência dele é feroz, mantendo-se totalmente equivocado em relação à questão da justiça, promovendo para si mesmo, situações de dor e desespero para o futuro.

– No entanto, Deus nosso Pai, jamais abandona um filho seu e um dia, como dona Cristina tocou o seu coração, aquela que foi sua mãe ou alguma outra pessoa enviada em nome do amor, conseguirá despertá-lo de sua inconsciência e teremos um valoroso irmão ombreando a causa do bem conosco. O tempo cura todas as feridas, como nós bem o sabemos. Foi, é e sempre será o sagrado medicamento de Deus.

Sabendo das ocupações de Augusto frente à Coordenadoria, não quis tomar mais o seu tempo. Levantei-me agradecendo suas explicações e ensinamentos e nos despedimos com um fraternal abraço.

Capítulo 19

Tesouros do coração

O tempo correu rápido. Meu treinamento estava concluído e o meu expediente no hospital poderia se estender para o período integral, quando não estivesse em trabalho de incursão no grupo Legionários de Jesus.

Em uma manhã de domingo, quando eu e Joana fazíamos nossa caminhada em um parque da colônia, recebi uma ligação de Joaquim que perguntou como estávamos e dizendo que tinha uma excelente notícia para nós.

Coloquei o comunicador no viva-voz para que Joana também pudesse participar de nossa conversa.

– Diga, meu amigo, qual a boa notícia que você tem para nós? É algo que nós já suspeitamos?

– Sim, é! Doutor Jairo liberou o Jaime e a Rosângela para que sejam transferidos para a sua colônia.

– Graças a Deus, Joaquim! Que notícia excelente! Muito obrigado. Diga-me, quando poderemos ir buscá-los?

– Eles receberão alta a partir de amanhã. Caso vocês possam vir, faremos todos os preparativos.

– Joaquim, vou falar com o meu superior e o Orlando poderá falar com o dele para ver se podemos utilizar a parte da tarde de amanhã, para nossa viagem. Acredito que não haverá problema.

– Excelente! Estaremos esperando por vocês. Fiquem com Deus.

– Você também, meu amigo. Respondemos ao mesmo tempo.

Depois que desliguei o aparelho, nós nos abraçamos emocionadíssimos, agradecendo a benção da confiança do Pai em nós, depositando seus queridos filhos aos nossos cuidados.

Cada um de nós ligou para o seu respectivo superior

nas unidades onde trabalhávamos e também, para o doutor Luiz, de quem obtivemos permissão para utilizarmos um veículo de transporte para a viagem.

Retornamos para casa onde demos os últimos retoques no quarto das crianças, radiantes de felicidade, colocando nossa vibração de amor e paz em cada detalhe que arranjávamos.

Segunda-feira, ao findar o período da manhã, fomos para o departamento de transportes e embarcamos no veículo que nos conduziu rapidamente até a minha antiga colônia.

Fomos diretamente para a Área de Terapia Intensiva, onde fomos recepcionados pelo Joaquim e um de seus assistentes.

Depois dos nossos cumprimentos, Joaquim nos informou que o doutor Jairo estava a caminho. Rodrigo e outros amigos nossos estavam em trabalho de incursão nas regiões de dor, razão pela qual não poderiam nos encontrar, mas haviam deixado um abraço e desejos de muita felicidade e luz para as nossas tarefas com os filhos de nosso coração.

Doutor Jairo não demorou e após os cumprimentos, nos dirigimos até a área em que Jaime e Rosângela estavam.

A nossa emoção foi intensa! Estavam vestidos com roupinhas lindíssimas, muito bem acabadas, ricas em detalhes, feitas com o capricho de trabalhadoras encarregadas dessa atividade manual na colônia onde eu houvera experenciado minhas primeiras lições de adaptação no mundo espiritual.

Jaime vestia um conjuntinho azul claro e Rosângela, um rosa, trabalhado com diminutas flores, do mesmo tom, no casaquinho. Pareciam dois anjos que o céu houvera materializado pela bondade divina.

As lágrimas corriam pelas nossas faces. Joana pegou no colo a nossa menina e eu, o Jaime. Entre lágrimas, e com a voz entrecortada, disse para o meu filho:

– Estamos juntos, novamente. Desta vez, Deus é testemunha... de que... aconteça o que acontecer, jamais abandonarei você...

Ficamos em silenciosa prece de agradecimento a Deus pela oportunidade que se renovava, materializada a nossa frente. Uma claridade se fez no ambiente, envolvendo-nos a todos e uma voz em meu íntimo repetia um dos ensinamentos de Jesus, registrado por Mateus 7:7-8: "*Pedi e se vos dará. Buscai e achareis. Batei e vos será aberto. Porque todo aquele que pede, recebe. Quem busca, acha. A quem bate, abrir-se-á*".

Fomos abraçados pelos amigos presentes, com os mais sinceros votos de sucesso, alegria e muita sustentação, diante da nossa nova etapa. Doutor Jairo entregou-nos os relatórios médicos, com as recomendações em relação às crianças, que sabíamos serem especiais, principalmente o nosso Jaime, uma vez que Rosângela teria muito mais lucidez, como já havíamos sido informados pelo médico amigo.

Jaime teria sintomas e limitações semelhantes à síndrome de Down, em grau adiantadíssimo, em virtude de o centro cerebral ter sido altamente afetado pelo consumo excessivo de narcóticos. Já no caso de Rosângela, as limitações teriam certa semelhança à mencionada síndrome, porém, em estágio muito primário.

As explicações do doutor Jairo, relativas à situação de nossos filhos, era de pura analogia com a síndrome relatada em 1862, pelo médico britânico, John Langdon Down, facilitando dessa forma, nosso entendimento.

Mas o que importava realmente naquele instante, não eram os aspectos técnicos que teríamos que levar em consideração, sem nenhuma dúvida, mas sim a alegria do momento, que era uma benção divina em nossas vidas.

Depois dos arranjos finais e despedidas, fomos conduzidos até o local de embarque e, retornamos com nossos tesouros, envoltos em nossos braços, e com a certeza de um futuro abençoado, onde teríamos muitos desafios, mas também muitas conquistas.

Capítulo 20

Corações unidos

Ao desembarcarmos em nossa colônia, fomos recepcionados por Miguel, Talita e alguns dos legionários.

Deram-nos as boas-vindas e cada um fez questão de segurar os bebês, fazendo a maior festa.

Rosângela abria-se mais em sorrisos, já nosso Jaime parecia não perceber a movimentação ao seu redor. Apesar das dificuldades que teríamos pela frente, eu e Joana tínhamos a fé que o Senhor da Vida não nos faltaria em momento algum, por meio do auxílio de nossos amigos e parentes.

Talita e Miguel fizeram questão de nos acompanhar até nossa casa e ficaram conosco até ajeitarmos os pequenos em seus berços. Depois de um banho quentinho, roupinhas trocadas e a mamadeira de praxe, estavam prontos para o descanso necessário.

Joana sempre fora uma mãe exemplar e cuidadosa. Tudo estava preparado nos mínimos detalhes, tanto dos produtos para o cuidado dos bebês, bem como o leite específico para cada um deles.

Enquanto Talita auxiliava Joana a amamentar os bebês, recordei-me de um dos assuntos tratados em uma das aulas de meu curso de Evangelização quando discutimos sobre um dos pontos interessantes relativos à nossa alimentação. Nós não utilizamos produtos de origem animal, de espécie alguma, sendo que até o leite dos nossos bebês, é de origem vegetal. Aqui não criamos animais para consumo. Os animais que as fazendas possuem são limitados aos aspectos de sua influência no trabalho conjunto. Tudo com muito cuidado e respeito.

Não encontramos animais de estimação abandonados e nem tampouco existem por aqui, qualquer tipo de criação, como algumas fábricas que tive a infelicidade de conhecer pelos noticiários ou documentários quando me encontrava encarnado, que produziam animais como se fossem máquinas para serem comercializados.

Pelo menos na Colônia Allan Kardec, onde vivemos, é esta a mentalidade preponderante. Para nós, um dos ensinamentos de Sidarta Gautama, o Buda (563-483 A.C), faz parte de nossa filosofia em relação aos animais: *"Um homem só é nobre quando consegue sentir piedade por todas as criaturas"*.

Para os Espíritos mais apegados a carne em sua alimentação, quando ainda estão internados ou em processo de adaptação, são ofertados produtos com sabor, textura e coloração semelhante à carne, porém, todos de origem vegetal. Trabalhamos a soja em nossas fazendas e em nossos laboratórios, com processos mais adiantados que os conhecidos no planeta atualmente, podendo dessa maneira atender aos paladares mais exigentes, enquanto esses pacientes se educam nos processos da alimentação mais condizente ao perispírito.

Foi Miguel que me tirou de meus devaneios, convidando-me a sair do quarto, para que Joana e Talita pudessem colocar os gêmeos para dormir. Em seguida, comentou:

– As crianças são realmente bençãos de Deus em nossas vidas não, Orlando? Verdadeira materialização da Sua divina bondade, trazendo-nos alegrias e aprendizado constante. É muito raro encontrarmos alguém que não fique parado e pasmo diante de um bebê ou de um sorriso de um desses pequenos. O próprio Jesus utilizou-os como exemplo, no seu célebre ensinamento, em Mateus 18:3: "Eu lhes asseguro que, a não ser que vocês se convertam e se tornem como crianças, jamais entrarão no Reino dos céus".

– É a pura realidade, Miguel. Teremos que ser puros de coração para vivermos a plenitude divina em nós. Quantos esforços ainda precisaremos dispender para alcançar esses objetivos, não é?

– Sim. Mas o importante é que estamos a caminho. Toda caminhada começa com o primeiro passo, conforme sabemos.

– Fomos para o jardim de casa e minutos depois um veículo estacionou, trazendo o doutor Luiz e os nossos chefes de serviço, doutor Antero e doutora Miriam.

– Pessoal, que alegria recebê-los!

– A alegria é nossa, Orlando. Adiantou-se doutor Luiz.

– Como estão os nossos bebês? Todos bem?

– Sim, doutor Luiz. Joana e Talita estão colocando-os para dormir. Que bom que vieram. Joana vai ficar contente em recebê-los.

Joana e Talita apareceram e fomos todos diretamente para o quarto das crianças, depois que os nossos amigos entregaram os presentinhos para os bebês e flores para Joana. Queriam conhecê-los.

Rosângela e Jaime dormiam como anjos, despertando-nos as mais delicadas emoções, principalmente em Miriam, que já era mãe de três meninas.

Miriam era responsável pela unidade no Centro de Reencarnação, sendo Joana uma das suas assistentes. Era uma pessoa séria e extremamente envolvente, com uma vibração muito amorosa.

Eu e Miguel nos reportávamos a Antero, tanto no hospital como também na Legião de Jesus. Aparentava mais idade do que realmente tinha, pela seriedade que demonstrava, porém, era dono de um coração de ouro.

Todos eles, incluindo o doutor Luiz, tinham as suas responsabilidades baseadas não só em seus conhecimentos técnicos, mas principalmente pela elevação moral que haviam desenvolvido, vivenciavam os ensinos de Jesus em grande profundidade. O amar ao próximo como a si mesmo era uma realidade em seus corações e um exemplo para todos nós.

Ao sairmos do quarto, foi Miriam que tomou a palavra:

– Joana, já está tudo preparado para receber os seus filhinhos na creche do nosso Centro. Inclusive, como os casos inspiram cuidados específicos, teremos duas enfermeiras extremamente experientes dando assistência durante o seu expediente que também sofrerá uma redução para que você passe algumas horas a mais com os seus pequenos.

– Miriam, muito obrigada. Não estarei dando muito trabalho? — Joana perguntou.

– De maneira alguma. Como você bem sabe, nossa creche funciona dentro desse padrão, só incluiremos as enfermeiras mais experientes, conforme mencionei, pela necessidade que os gêmeos queridos possuem e também para que a adaptação seja a mais rápida possível.

– Tão logo o doutor Luiz recebeu o relatório do doutor Jairo, ele me repassou para que pudéssemos providenciar os detalhes todos. Ademais, você sabe o quanto preciso do seu trabalho em nossa área, não é?

– Miriam, você é tão gentil, tão amiga, obrigada novamente. — Agradeceu Joana sensibilizada.

Eu já estava com os olhos marejados por receber tanto suporte de corações tão bondosos. Não me furtei a pensar a respeito de como a vida seria mais simples se todos nós, quando encarnados, exercitássemos a solidariedade em nossos relacionamentos. Como o mundo seria mais feliz!

Depois de um café e um pedaço de um maravilhoso bolo de milho que Talita havia trazido, nossos amigos se despediram. Nós agradecemos a todos, não só pela visita, mas acima de tudo, pelos laços que mantínhamos unidos nossos corações.

Capítulo 21

Visita em família

O tempo correu célere e já estávamos com as crianças há 15 dias aproximadamente. Como pais que se prezem, ficávamos muitas horas acordados durante a madrugada. Parecíamos dois zumbis por conta da choradeira promovida por ambos. Rosângela era mais calma e dormia melhor, mas o Jaime dava um "baile" daqueles para adormecer. Acordava muito durante a noite e com o seu choro despertava também a irmã. O coro produzia uma choradeira sem fim.

Tínhamos uma assistência pediátrica excelente e durante o dia, enfermeiras muito atenciosas cuidavam dos gêmeos, na creche da unidade em que Joana trabalhava.

Conversando com doutor Luiz, perguntei se os bebês poderiam fazer uma curta viagem para que pudéssemos apresentá-los para a família. Tentaríamos unir parentes e amigos, dos dois lados da vida, encarnados e desencarnados.

Depois que recebi a autorização, pedi para alguns amigos nos auxiliarem para convidar as pessoas que gostaríamos que estivessem presentes. Tínhamos que preparar um local, contando com a questão de horário adequado para que os nossos irmãos encarnados pudessem estar devidamente adormecidos e desdobrados.

Reuniríamo-nos em uma casa espírita, na mesma cidade onde residiam Bartholomeu, Lucinda, Roque e Izabel.

O Mentor responsável pela instituição nos autorizou, com muito boa vontade, o uso do espaço por algumas horas.

Depois de acertados todos os detalhes, providenciei o transporte que nos conduziria a cidade. O veículo deveria ter uma lotação de aproximadamente 40 pessoas, porque durante o trajeto, embarcaríamos os convidados que residiam em outras cidades do país, principalmente os nossos filhos e parentes.

Tudo transcorreu na mais perfeita harmonia. No dia e hora convencionados, vestimos os bebês com muito capricho, sendo que Talita fez questão de auxiliar Joana na escolha das roupinhas, inclusive nos acompanhar na viagem.

Embarcamos e fomos diretamente para a capital do estado, onde pudemos encontrar os filhos e noras desdobrados no processo natural do sono, já nos aguardando para fazer companhia. Foram momentos de tanta alegria, verdadeiras bênçãos do Pai, que o piloto teve que intervir em nossa festa particular para continuarmos o nosso percurso.

Quando chegamos à casa espírita, fomos saudados pelo pessoal que nos aguardava, amigos e demais parentes nossos, de Rosângela e também da nossa querida Vera.

O Mentor e companheiros responsáveis pela instituição estavam presentes, nos recepcionando de maneira muito afetuosa.

Era uma verdadeira festa em nome de Jesus. Joana estava radiante, segurando Rosângela e Talita, jovem e bonita, fez questão de carregar Jaime em seu colo.

Bartholomeu e Lucinda aproximaram-se saudando-nos fraternalmente, causando-me uma boa impressão, principalmente pela vibração positiva de Bartholomeu.

– Como vai, Orlando, tudo bem com vocês?

– Sim, Bartholomeu. Estamos muito bem, obrigado. E vocês, como têm passado?

Foi Lucinda que se adiantou por sua vez:

– Estamos muito bem. Veja Orlando, como Barthô está ótimo.

– Sim, com certeza! Notei isso no momento que vocês se aproximaram.

– Pois é, meu amigo. Resolvi procurar ajuda no grupo de alcoólicos anônimos na casa espírita que frequentamos. Além da assistência espiritual que estou recebendo, diria que nossa última conversa, me deixou bastante motivado. — Completou sorrindo.

– Sabe, Orlando, aprecio muito a vida de vocês pelas lições que recebi de André Luiz, na obra "Nosso Lar". Realmente bastante esclarecedora. As informações relativas à cidade são encantadoras e acredito que você, Joana, entre outros devam estar vivendo em algum local semelhante, não?

– Nem tanto, meu caro. A Colônia Allan Kardec é excelente, mas ainda não merecemos algo semelhante ao Nosso Lar. — Respondi por minha vez sorrindo também.

– Como disse, decidi me tratar seriamente e não comprometer minha saúde com o uso do álcool e, principalmente, porque vocês podem viver em uma linda Colônia, mas eu não estou nem um pouco interessado em me transferir para lá. Pelo menos por uma boa dezena de anos.

Todos nós rimos muito porque Bartholomeu mostrava-se muito feliz e acima de tudo, um sujeito bem humorado.

– Fico feliz, Barthô, que você esteja com esse novo posicionamento. Mas, honestamente, todo esse esforço é seu. Digamos que eu só dei um empurrãozinho. Você merece os parabéns pela iniciativa e manutenção.

Foi Talita que veio nos convidar a prece para que pudéssemos apresentar as crianças a todos. O Mentor da casa, senhor Jordão, pediu a Joana que fizesse a oração.

Ela agradeceu inicialmente a presença de todos, naquele verdadeiro banquete de luz, pedindo que elevássemos os pensamentos a Deus e a Jesus, orando desta maneira:

– Senhor Supremo de nossas vidas, nós agradecemos a benção da reunião em seu nome e em nome do

Nosso Senhor e Mestre Jesus. Sabemos que estamos muito distantes do exercício do amor ensinado pelo meigo Rabi da Galileia, porém, Pai Divino, ampara-nos diante de nossa própria pequenez para que o fio ainda inconsistente de nosso amor pelo semelhante possa fortalecer-se, no sentido de um dia o materializarmos em favor de nossos semelhantes.

O Evangelho de Jesus, como bem sabemos, depois de mais de 2.000 anos, não deveria estar somente assimilado como conhecimento, mas ser praticado, principalmente nos dois maiores mandamentos ensinados por Jesus e, temos certeza Senhor, que o auxílio do Mestre amado, não nos faltará. Um dia amaremos a Ti, Pai amantíssimo, na mesma intensidade que amarmos o nosso próximo.

Sustenta-nos, Senhor, nesse propósito, para que alcancemos a glória de servir, não somente aqueles que são mais próximos, mas toda a sua criação.

Agradecemos Senhor pela confiança em nós depositada, entregando-nos Rosângela, Jaime e Vera, seus filhos e nossos irmãos, quando nos responsabilizaremos por um período como seus pais. Queremos também, agradecer os irmãos que puderam estar neste momento conosco, bem como todos os corações que nos auxiliam na presente empreitada, pedimos, Senhor, que suas bênçãos possam envolvê-los hoje e sempre.

Jesus, Mestre amigo, também rogamos sua sustentação em todas as nossas horas, pedindo que ilumine nossos caminhos, para que possamos um dia sermos dignos do seu Evangelho de redenção e amor.

Durante a prece, o salão encheu-se de luz rosa prateada, nos brindando com um verdadeiro banho de flores diminutas, como se fossem pequenas margaridas. À medida que caiam em nossa direção eram absorvidas por nossos corpos

Notei que as crianças estavam muito mais tranquilas do que habitual e eram as que mais absorviam daquela chuva de luz em forma de flores.

Sentindo-nos reconfortados, passamos a conversar com todos, tendo Joana e Talita, carregando nossos filhos, como verdadeiras joias de altíssimo valor.

Capítulo 22

Agradável surpresa

Estávamos encerrando nossa breve festa em família, quando Jordão, o Mentor da instituição em que nos encontrávamos, aproximou-se e pediu para convidar uma trabalhadora de nossa dimensão para a prece de encerramento.

Era necessário embarcar, principalmente os nossos irmãos encarnados que estavam no processo do sono, para o retorno em tempo adequado.

A jovem que se apresentou chamava-se Raquel. Era

morena, alta, esguia, com cabelos na altura dos ombros, com olhos verdes cristalinos, demonstrando no seu olhar a pureza das almas que exercitam o amor, por meio do trabalho constante no bem.

Raquel fez sentida oração que emocionou a todos os presentes, exaltando a beleza da maternidade na figura de Maria, mãe de Jesus.

Quando nos preparávamos para nos retirar, foi Jordão quem nos abordou:

– Orlando, Joana, por favor. Não querendo causar transtorno, mas seria possível pedirmos ao piloto da nave que conduza nossos irmãos para seus respectivos lares, enquanto vocês fiquem um pouco mais conosco?

– Lógico, meu amigo. Vou ver se é possível e volto em instantes.

O rapaz que pilotava nosso veículo atendeu com prazer nossa solicitação. Voltamos para junto do grupo e reiniciamos a nossa conversa:

– Não existe nenhum inconveniente. Nosso jovem piloto virá nos buscar, tão logo tenha conduzido a todos.

– Ótimo, Orlando. Vou pedir que providenciem dois berços de nossa creche para acomodar as crianças.

Depois que os pequenos estavam instalados, Jordão

chamou para junto de nós a jovem que havia feito a prece de encerramento.

Raquel aproximou-se e Jordão reiniciou o diálogo:

– Orlando, eu pedi um pouco mais do tempo de vocês para que essa jovem pudesse agradecê-los, principalmente a você, caro amigo.

– Agradecer? Eu que agradeço sua generosidade e também a Raquel, pela prece de sustentação a todos nós.

– Senhor, Orlando.

– Orlando, minha querida. Por favor, não faça cerimônias.

– Obrigada. Mas é verdadeiro meu agradecimento ao senhor, digo você.

– Por quê?

– Lembra-se da entidade que se identificou como "doutor", no momento do desencarne de Vera e dos gêmeos?

– Sim, Raquel, como poderia esquecer?

– Pois bem, ele é meu pai!

Confesso que fiz uma força enorme para que os meus joelhos não se dobrassem, dada à emoção que me envolveu.

– Meu Deus, Raquel, que surpresa! Eu jamais poderia imaginar... Rodrigo me falou a seu respeito, informando que você estava trabalhando ativamente para a recuperação de seu pai.

– Sim, é verdade. Por isso, quero agradecê-lo, por seu trabalho naquela noite tão difícil para o seu coração, ou melhor, para todos nós, envolvidos direta ou indiretamente no episódio. Sinto imensamente que papai tenha causado tantos prejuízos.

Disse isso, já com os olhos úmidos, buscando controlar suas emoções. Vale lembrar, que apesar da elevação moral, Mentor ou Espírito evoluído, também se emociona. Simplesmente não perdem o controle, mas a sensibilidade e a emoção os acompanham porque faz parte daquele que busca amar sinceramente.

– Raquel, o que eu fiz naquela noite, não foi nada. Antonio, Rodrigo e o grupo de trabalhadores que lá estiveram são quem merecem não somente o seu, mas o nosso agradecimento.

– Em relação ao seu pai, ele não é mais responsável do que o Jaime ou outras pessoas que se envolveram na dependência química. Ele não é tão responsável como eu sou. Você deve estar informada, não? Cometi meus equívocos em outra reencarnação, sendo fornecedor da folha de coca para aquele que seria o meu futuro filho.

– Só Deus é quem sabe como nos envolvemos nessa rede de sofrimento e dor. Raquel, quero que você saiba que estarei sempre a sua disposição, para o que você precisar e tenho certeza que falo também em nome de Joana.

– Com toda certeza, Raquel. — Confirmou Joana.

— Agradeço muitíssimo. Da mesma forma, estarei também à disposição de vocês.

Logo nosso veículo chegou e começamos a nos despedir dos nossos novos amigos, com um abraço fraterno. Quando Joana aproximou-se de Raquel, entreolharam-se como mãe e filha e, com profundo amor, despediram-se como se fossem velhas conhecidas e companheiras de outras eras.

– Deus te abençoe, minha filha. — Disse Joana.

– A todos nós, mãe querida do meu coração.

Estava tão emocionado, que simplesmente não tinha forças para dizer mais nada. Minhas lágrimas foram as mensageiras do meu até breve.

Capítulo 23

O amor nunca morre

Tive que conter minha ansiedade e aguardar até a noite seguinte para ter tempo suficiente de perguntar à Joana sobre os momentos finais de nossa reunião, quando das despedidas entre ela e Raquel.

Ao retornamos do trabalho efetivamos os cuidados para com os bebês, relativos a banho, alimentação, além dos momentos de carinho e brincadeiras com eles, depois colocamos os nossos anjinhos chorões para dormir.

Jaime já se encontrava mais adaptado. Dormia melhor, porém, seu nível de resposta a estímulos era muito precário, apesar do trabalho intenso realizado pelas competentes enfermeiras, junto com Joana e o acompanhamento pediátrico que recebia.

Sabíamos desse problema. Mas qual pai ou mãe não esperam que as dores que o filho vivencia desapareçam como por "milagre"? Qualquer um de nós, sempre irá querer o melhor para quem é o alvo do nosso amor. Por isso, sempre achei Jesus simplesmente brilhante porque nos leva a meditar do micro para o macro, em relação ao Nosso Pai, quando ensinava a respeito do amor de Deus para com a sua criação.

A parábola do filho pródigo, em Lucas 15: 11-21, diz bem o que é esse amor divino. Com o exemplo de um pai, que ama seu filho e o recebe na volta, ao seu lar, conscientizado em relação às ilusões do mundo e ao mesmo tempo, em busca do amor que sempre esteve à sua disposição e que o aguarda de braços abertos.

Estava longe, quando Joana me convidou para jantar. Servimo-nos de uma deliciosa salada, acompanhada de um suco de frutas variadas, que me fez um bem incrível, recuperando-me as forças depois de um dia intenso de trabalho.

Quando houve oportunidade, perguntei sobre o ocorrido, entre ela e Raquel:

– Joana, quando você se despediu de Raquel, notei que vocês pareciam se conhecer.

Ela concluiu minha pergunta:

– De muito tempo?

– Sim, isso mesmo.

– Existem tantas situações em nossas experiências não é, Orlando? Em quantas existências já nos relacionamos como pais, filhos, parentes, amigos e assim por diante. Não temos somente uma meia dúzia de existências e sim milhares.

– Raquel foi um dia filha que adotei em uma das minhas encarnações muito longínquas, especificamente na idade média, quando as perseguições da Inquisição se recrudesceram na Espanha. Seus pais, naquele período delicado da história, foram acusados pelo Tribunal do Santo Ofício, não por conta de problemas dito religiosos, mas por causa de suas riquezas. Eram os chamados cristãos-novos e por manobras escusas, foram envolvidos em situação delicada. Eu era uma das serviçais de sua casa, e sua mãe, quando viu que o problema se agravaria e que os filhos não seriam poupados, como de fato, não foram, entregou-me sua filha caçula juntamente com uma soma em dinheiro para que fugíssemos.

Este ato evidentemente agravou-lhe ainda mais sua situação e muito tempo depois, soube que apesar de tortura extrema, não informou onde e nem com quem sua filha poderia estar. Naqueles tempos difíceis, criei como pude aquela criança, que mais tarde seria uma serviçal como eu.

O trabalho duro, a vida muito rude, nos tirou da reencarnação rapidamente. Muitas reencarnações depois, ela reencontrou um dos seus irmãos daquele período negro da história, que sofreu as mesmas penas que seus pais e estava revoltadíssimo. Ela reencarnou como sua filha, no intuito de demovê-lo de sua ideia de vingança. Irredutível que estava, jurou para si mesmo, que jamais perdoaria quem quer que fosse e se utilizaria de todos os métodos, para ferir qualquer pessoa que dele se aproximasse. Ninguém se interessou em auxiliá-los quando foram aprisionados, sofreram terríveis torturas antes da condenação, e em sua revolta inconsequente, buscaria promover a infelicidade de quem cruzasse o seu caminho.

– Jesus! Quantos séculos perdidos na ignorância, em um processo vingativo sem propósito.

– Sem propósito para nós, Orlando. Mas para a sua mente doentia, acredita ele se vingar das injustiças cometidas, por conta da indiferença das pessoas.

– No entanto, Joana, sabemos bem que todos estavam debaixo da mesma ditadura do medo e da morte. As pessoas tinham receio em falar. Tanto é que houve grande influência no inconsciente coletivo de várias gerações em diversos locais, não é mesmo?

– Sim. Isso tudo para defender os interesses de Jesus. Pois sim, os interesses das criaturas, que se utilizaram do nome de Jesus. Quantas guerras, quantas mortes, enfim, quanto sangue derramado em nome daquele que nunca derramou uma gota do sangue alheio e quando Pedro golpeou Malco, um dos serviçais de Caifás, que foi prender Jesus, o que o Mestre fez imediatamente?

– "Pedro, embainha sua espada, pois quem se serve da espada, perecerá pela espada". E, imediatamente após, curou o jovem serviçal, não foi, Joana?

– Sim! O único sangue que foi derramado por Jesus, foi o seu próprio, pelo fruto da nossa insensatez, do nosso desamor. Hoje, mais conscientizados, tentamos reverter os absurdos de outrora, nos dedicando ao trabalho em favor do semelhante, entendendo definitivamente, que esse é o sangue bendito e verdadeiro que precisamos e merece ser derramado.

— Joana, a lição é claríssima. Por isso, Jesus nos estimulava sempre para fazer uso do perdão. Hoje vejo, o quanto impomos de sofrimento e dor em nossas vidas, pela ausência total do seu exercício. Sem perdoar, viveremos durante muito tempo, a margem de nós mesmos, não?

— Correto, meu querido. Por isso, o perdão é a atitude daquele que é nobre e verdadeiramente forte.

A noite ia alta, quando resolvemos nos recolher, porque o trabalho com as crianças e, nosso expediente no dia seguinte nos aguardaria com as nossas melhores disposições. Antes de adormecer, relembrando da história de Joana e Raquel, tinha constatado ao vivo e a cores, que o amor nunca morre, colheremos sempre aquilo que semearmos, seja em que tempo for, conforme ensinou Jesus.

Capítulo 24

Recomeçar

Miguel estava pronto para partir. Daria prosseguimento aos seus planos de casamento. Com o coração já apertado pela saudade, nos despedimos com um abraço emocionado que sem palavras transmitia minha gratidão e respeito, por toda a ajuda que este novo amigo havia ofertado.

Algumas pessoas chegam as nossas vidas e ficam registradas por seus exemplos. Seres que se doam de modo tão desinteressado e verdadeiro que nos impressionam. Ainda temos muito que aprender sobre o amor. Lembrei-me da oração de São Francisco de Assis que diz que é dando que se recebe, e em matéria de amor, é uma verdade indiscutível. Sentia-me comprometido com Miguel, com Rodrigo e tantos outros que tanto fizeram por mim, sem outro desejo senão o de que eu ficasse bem e feliz. Recebendo o amor destes seres me sentia motivado a fazer o mesmo e se um dia pudesse, retribuiria com alegria. O amor ofertado ficara em mim. Cabia-me agora passá-lo adiante, ajudando outros, semeando o bem em outros corações com meu trabalho e dedicação.

Após a partida de Miguel passei a dirigir o grupo com mais segurança. As atividades do dia a dia nos envolviam com a rotina abençoada do trabalho. Um verdadeiro exercício no bem. Naturalmente, tínhamos nossos momentos de lazer. Eram oferecidas férias de 15 dias, depois de um ano de trabalho. Podíamos viajar com os nossos bebês, e tínhamos a companhia de uma enfermeira destacada para nos acompanhar principalmente pela necessidade que o Jaime apresentava de assistência constante.

Os trabalhadores da Colônia, sem exceção, recebiam o mesmo tipo de assistência, tanto pessoal, como para seus filhos, caso os tivessem. Todos os serviços ofertados eram gratuitos. As condições básicas para a vida de cada criatura tinha qualidade indiscutível, sem custo ou com preços possíveis de serem pagos.

Isso criava uma atmosfera feliz, prazerosa, fazendo com que a dedicação de cada um, fosse sempre uma constante para com nossas responsabilidades. Era o trabalho realizado com amor, conscientes que fazer o melhor, é benefício para todos.

A competição entre pessoas ou mesmo entre setores dentro de determinado departamento era inexistente. As atitudes desta natureza eram trabalhadas em processo de educação com as bases do Evangelho.

Nosso lema era o da cooperação e da promoção da felicidade do outro para sermos felizes.

Dentro dessa linha, não vi o tempo passar. Meu Deus, e como passa rápido! As crianças estavam já com quase três anos. Rosângela, apesar de algumas poucas limitações, mostrava-se cada vez mais esperta. O Jaime, com toda a assistência que recebia, tinha limitações sensíveis e somente agora, ensaiava seus primeiros passos. A paciência era a tônica de nossa vida em relação a este filho querido. Tudo que se relacionava a ele necessitava de tempo significativo para alguma resposta, que às vezes, simplesmente não se materializava.

Sabíamos dos danos que a dependência química houvera causado ao seu cérebro físico, vincando gravemente o seu cérebro perispiritual. Seria sempre uma luta para ele e para nós. Nunca deixaríamos de ter fé em seu sucesso, porém teríamos que aguardar o benefício do tempo e das reencarnações futuras.

Doutor Jairo já havia nos comunicado que Vera deveria estar liberada nos próximos dias, depois de quase três anos de tratamento ininterrupto. Sua condição consciencial estava sobremaneira comprometida. Nós a receberíamos e trataríamos dela com a ajuda de uma acompanhante 24 horas por dia. Teríamos uma filha adulta conosco, porém, com surtos semelhantes aos epiléticos, muito frequentes.

Aspectos básicos de locomoção, linguagem, alimentação e higiene, estavam preservados. Mas por conta dos danos causados pelas drogas e álcool em excesso, além do desequilíbrio acentuado que fez parte de sua última existência, ficaram comprometidas suas conexões neuronais em tamanha magnitude, que suas reações e comportamento seriam de uma criança de uns 4 ou 5 anos, no máximo.

Para nós, este aspecto consistia verdadeira benção,

pois seu grau de entendimento seria razoável, comparado ao do Jaime.

Quando recebemos finalmente a informação de que Vera estava pronta para a transferência, conversamos com o doutor Luiz pedindo para que nos auxiliasse e pudéssemos contar com a presença dos pais biológicos dela, através do desdobramento do sono, no sentido de transmitir-lhe mais conforto.

Recebemos autorização, inclusive do veículo que necessitaríamos para buscar Bartholomeu e Lucinda e, ao mesmo tempo, providenciarmos a transferência da Vera com o máximo conforto possível.

Visitei o casal na noite anterior para acertarmos todos os detalhes. Encontrei-os bem e confiantes, apesar da emoção do contato mais próximo com a filha, que passaria a ser também nossa.

Noite seguinte, acertados os detalhes, eu e Joana embarcamos no veículo que nos transportaria inicialmente para a casa de Bartholomeu e, em seguida, nos levaria para as instalações da Área de Terapia Intensiva, de minha antiga colônia, para a transferência de Vera.

O casal embarcou feliz em poder participar de momento tão significativo para todos.

Chegamos à colônia rapidamente, onde já estávamos sendo aguardados por Joaquim.

– Velho amigo, como vai você? — Saudei-o com um abraço.

– Bem. E vocês, como têm passado?

– Estamos bem. Gostaríamos de apresentar Bartholomeu e Lucinda, os pais de Vera em sua última existência, que vieram conosco para acompanhar sua transferência.

Depois dos cumprimentos, Joaquim nos convidou para iniciarmos os preparativos.

Fomos até um apartamento dentro da unidade. Vera estava sentada em uma poltrona, sua aparência, dentro do possível, era relativamente saudável. Sabíamos que seu tratamento deveria manter a regularidade, buscando minorar os efeitos de sua inconsciência.

Foi Lucinda que se aproximou inicialmente, abraçando-a e dizendo:

– Filha querida, meu amor, quanto tempo... Que saudades...

Não obteve resposta imediata. Passados alguns segundos, Vera olhou-a nos seus olhos, que já se encontravam úmidos pela emoção do momento e falou:

– Você está chorando? Por quê?

– De alegria minha filha, em te ver novamente.

Notava-se que Vera não registrava muito bem a situação como um todo e Joaquim, muito experiente interveio:

– Abracemos a nossa Vera, porque ela vai precisar tomar a sua medicação, para que tenha uma viagem tranquila.

Aproximando-se, pediu que nos uníssemos em prece, solicitando a Joana que nos conduzisse na oração.

Joana fez a prece do "Pai Nosso" que nos envolveu em uma emoção tão intensa que as lágrimas eram difíceis de serem controladas. Vera foi envolvida em energias suaves, adormecendo em seguida.

Todos nós nos aproximamos e beijamos sua face, pedindo a Deus e a Jesus que a abençoasse em seus novos desafios.

Joaquim providenciou uma maca para sua segurança e conforto. Em seguida nos dirigimos para o veículo que nos aguardava no local de embarque para retornarmos a colônia, Antes, porém, passaríamos pela casa de Bartholomeu e Lucinda para que eles pudessem retornar aos seus corpos em segurança e prepararem-se para o dia que estava por se iniciar. Ficariam gravadas em suas lembranças momentos agradáveis vivenciados em companhia da filha querida.

Despedimo-nos do amigo Joaquim, agradecendo todo o seu empenho e carinho dedicados de forma constante a nossa Vera que seria, a partir de agora, a nossa filha do coração.

Via ali uma oportunidade de começar a viver o amor que Jesus nos ensinou.

Umberto Fabbri nasceu em São Paulo, mas reside atualmente na Florida, EUA. Atua no movimento espírita há 34 anos, destacando-se como educador e orador.

Proferiu mais de 5.000 palestras públicas em congressos e seminários no Brasil e no exterior. Como escritor já publicou livros em português e inglês, que visam contribuir para a melhoria do ser humano.

É articulista de jornais importantes do meio espírita e correspondente internacional nos Estados Unidos.

www.ingramcontent.com/pod-product-compliance
Lightning Source LLC
Chambersburg PA
CBHW060750050426
42449CB00008B/1338